효과적인 대화와 인간관계

이 명 수 지음

지 성 문 화 사

다른 사람과
사귀는 것이 어려운 이유 중의 하나
―이것은 가장 커다란 이유이다―는
자기가 다른 사람과 사귀기 어려운 인간이기 때문이다.
인간관계에 가장 중요한 것은
다른 사람을 움직이는 방법이나 책략이 아니라,
자기 자신을 바꾸는 일이다.

지성문화사

"태초에 말씀이 계시니라……."

이 말은 요한복음 1장 1절에 있는 유명한 문구다. 계속해서 다음 말이 이어지고 있다.

"이 말씀이 하느님과 함께 계셨으니, 이 말씀은 곧 하느님이시니라. 그가 태초에 하느님과 함께 계셨고 만물이 그로 말미암아 지은 바 되었으니, 지은 것이 하나도 그가 없이는 된 것이 없느니라."

천지 창조 이전부터 말〔言語〕이 인류와 긴밀한 관계를 맺고 있다는 뜻을 표현한 말이다.

성경의 표현을 빌지 않더라도 말이 우리의 삶에서 얼마나 중요한 위치를 차지하고 있는가에 대해서는 굳이 더이상 설명한 필요도 없다.

'인간은 천성적으로 사회적 동물'이라고 갈파한 사람은 고대 그리스의 철학자 아리스토텔레스이다. 같은 말을 로마의 철학자 세네카도 하고 있고, 영국의 시인 테니슨은 "인간은 혼자면 인간이 아니다."라는 단정적인 말로 인간의 사회성을 강조했다. 이 말처럼 두 사람 이상이 서로 만나야 비로소 인간 생활을 영위할 수 있다.

선각자들의 지적처럼 인간은 혼자서는 살아갈 수 없다. 아무리 자신이 속한 사회와 사람들을 싫어한다고 하더라도 역시 나 아닌 다른 인간을 떠나서는 살아갈 수 없다. 마치 새가 숲을 떠나서는 살 수 없고, 물고기가 물을 떠나서는 존재할 수 없듯이 사람도 사람을 떠나서는 살 수 없는 것이다.

타인과의 밀접한 관계를 맺고 살아야 하는 숙명을 갖고 태어난 우리 인간에게 '다른 사람과의 관계'는 예로부터 지금에 이르기까지 항상 긴요한 문제가 되어 왔다.

"어떻게 하면 사람들과 잘 사귈 수 있을까?"

"어떻게 하면 내 뜻대로 사람들을 설득하거나 조종할 수 있을까?"

다른 인간과의 교제에 대한 문제가 모든 사람들의 최대의 관심사임과 동시에 염원이었던 것이다.

그렇다면 사람과 사람 사이를 이어주는 것은 과연 무엇인가? 궁극적으로는 마음의 흐름이 되겠지만, 그 마음의 흐름을 주고받을 수 있는 것이 말이다.

이렇듯 인간관계는 말로 시작해서 말로 끝나는 커뮤니케이션이다. 따라서 자기 나름대로 생각하고 있는 바를 보다 명료하게, 보다 효과적으로, 보다 균형있게 표현할 수 있는 화술은 인생의 기술임과 동시에 가장 큰 무기라고 할 수 있다.

모름지기 나의 인기, 나의 행복, 나의 가치 감각은 사람들을 설득하는 나의 처세술에 전적으로 달려 있다.

사실 행복하고 성공적인 인생을 보낸 사람들의 대부분은 인간관계에 성공한 사람들이다. 가정과 직장에서, 그리고 사회에서 타인을 자기 뜻에 맞도록 설득하고 조종한 사람들이 인간으로서 얻을 수 있는 최상의 것들, 즉 사랑과 우정, 행복과 평화, 성취와 만족 등을 구가한 것이다.

우리의 삶은 매일같이 만남의 연속이며, 만남은 절대적이라 할만큼 대화와 설득을 수반한다. 가족들과의 만남으로부터 시작하여 이웃과 친구, 직장의 인간관계, 사회 생활을 통하여 알고 지내는 사람과 낯선 사람과의 만남이 반복되고 있으며, 그 속에서 오가는 대화 속에 인생의 희로애락이 고스란히 담겨 있는 것이다.

필자는 인간을 아는데 그 가족 관계에 큰 비중을 둔다. 누가 뭐라고 해도 화목한 가정은 좋은 인간관계의 기본이며, 가정이 화목한 사람은 다른 인간관계도 역시 훌륭하게 잘 이끈다. 그래서 '가화 만사성', '수신제가 치국평천하'라는 말이 생겼다. 가정을 화목하게 만들지 못하는 사람은 어디를 가도 분쟁을 야기시킬 소지를 충분히 가지고 있는 것이다.

자기 가족에게 못하는 사람이 다른 사람에게 잘한다면 그것은 추악한 위선이다. 아내 또는 남편에게 못하는 사람이 배우자 아닌 다른 여성이나 남성에게 잘하는 것은 좋지 못한 꿍꿍이속이 있기 때문이며, 자기 부모를 공경하지 못하는 사람이 다른 사람을 공경할 리는 만무하다.

"열 길 물속은 알아도 한 길 사람 속은 모른다."라는 속담처럼 사람의 마음은 알 것 같으면서도 모를 때가 더 많다. 나와 뜻이 통하는 사람이 있는가 하면 사사건건 견해를 달리하는 사람도 있다. 여기에서 분쟁과 갈등이 파생되어 인간의 심신을 몹시도 괴롭힌다.

인간은 지구상에서 가장 복잡하고도 흥미로운 동물이다. 그것은 인간이 지닌 양면성 때문이다. 한편은 동물이면서도 또 한편으로는 단순한 동물이 아니라는 사실이 천인천색의 다양성을 나타내게 하는 것이다.

세상에는 정말 상종하지 못할 짐승(?)들도 존재한다. 그러므로 모든 사람들과 원활하게 지낼 수 있으리라고는 생각되지 않는다.

그러나 대부분의 경우의 인간관계는 나의 태도에 달려 있다. 내가 타인들과 좋은 인간관계를 맺지 못하고 있다면, 그 일차적인 원인은 내가 좋은 관계를 맺을 수 없는 인간이기 때문인 것이다.

내가 어느 정도까지 성실하게 남을 대할 수 있으며, 어느 정도까지 깊이 남을 이해할 수 있는가? 그리고 어느 정도까지 남을 위하여 수고할 수 있는가. 이런 것을 진지하게 생각해 본다면 나의 참모습을 발견할 수 있을 것이다.

인간교제의 법칙은 어김없이 '기브 앤드 테이크(give and take)'가 적용된다. 오는 정이 고우면 가는 정도 곱고, 내가 잘하면 상대방도 잘하게 되는 것은 인심의 자연스러운 경향인 것이다.

인간관계에는 별 다른 비법은 없다. 누구보다 당신이 잘 알고 있다. 다른 사람의 언행이 당신을 진심으로 기쁘게 만든 경우가 틀림없이 있을 것이다. 그것을 당신도 다른 사람에게 행하면 된다. 반대로 다른 사람의 언행이 당신의 감정을 상하게 했다면, 그런 언행을 행하지 않는 것이 좋은 인간관계의 비법인 것이다.

말이란 약(藥)과 같은 것이다. 말만 잘하면 천 냥 빚도 가리지만, 입을 함부로 놀리거나 한마디 쓸데없이 더한 것이 엄청난 재앙을 초래하기도 한다. 그러므로 말은 항상 신중하게 재어서[計] 사용하지 않으면 안된다.

이 책은 화술과 인간관계의 전반적인 문제를 다루고 있다. 일상생활에서 누구나 한 번쯤은 경험했음직한 예화와 사례를 들어 보다 쉽고 재미있게 읽을 수 있도록 꾸몄다.

아무쪼록 이 책의 내용이 바르게 전달되어 당신의 인간관계가 한층 좋아지는 화력(話力)을 키우는데 일조하기를 바라마지 않는다.

이 명 수

제3장

상황을 180도 전환시키는 화술

제4장

꿀을 바른 말, 가시가 돋친 말

구설의 화

말하는 것이 어려운 이유

제7장

사람을 움직이는 최상의 방법

차례

제8장

고쳐야 할 화법과 표준화법

효과적인 대화와 인간관계

남을 행복하게 하는 것은
향수를 뿌리는 일과 같다.
뿌릴 때 자기에게도 몇 방울은 튀게 된다.
비난하지 말고 칭찬하라.
칭찬할 수 없다면 오히려
침묵하라.

어느 귀부인

어떤 부인이 예닐곱 살쯤 되어 보이는 아들의 손을 잡고 미술품 전시장에 들렀다. 한복을 곱게 차려 입은 부인은 무척이나 미녀였고 차림새도 우아했기 때문에 관람객들의 시선을 끌었다.

부인은 작품 한점 한점을 성의껏 감상했다. 어떤 작품 앞에서는 온화한 미소를 짓기도 하고, 또 어떤 작품 앞에서는 살며시 고개를 끄덕이기도 했다.

부인의 손에 이끌려 다니던 아이는 무척이나 짓궂어서 작품에 함부로 손을 대곤 했다. 그럴 때마다 부인은 나직한 소리로 아이를 자애롭게 타일렀다.

"작품에 손을 대서는 안됩니다. 조용히 눈으로 보고 마음으로 느껴야 하는 거예요."

아이를 부드럽게 타이르는 부인의 태도에 많은 사람들이

감동했다.

　얼마 후, 부인과 아이는 어느 도자기 진열대 앞에 서게 되었다. 아이는 호기심에 자기의 머리보다 높은 곳에 있는 도자기를 만졌다. 부인은 재빨리 전시장 내부를 눈으로 살폈다. 때마침 전시장 안에는 자기와 아들 외에는 아무도 없었다. 그러자 부인이 무섭게 으르렁거렸다.

　"이 새끼야! 내리치면 대가리 깨져, 대가리 깨진단 말야!"

　여성은 용모에 대해서 대체로 신경을 많이 쓴다. 그러나 용모 자체보다는 교양을 높이는 데 더 노력을 기울여야 한다. 버나드 쇼는 이런 말을 했다. '미인이란 처음으로 볼 때는 매우 좋다. 그러나 사흘만 계속 집안에서 상대해 보면 더 보고 싶지가 않게 된다.'

　여성의 진정한 아름다움은 결코 용모 따위에 좌우되는 것은 아니다.

제1장

구시화지문
口是禍之門

잔칫날의 비극

"꼭 산적두목같이 생겼다."

이 한마디가 그야말로 순식간에 살인(殺人)을 불렀다. 즐겁게 신랑달기를 하던 날 돌발적으로 발생한 비극이었다.

필자가 어렸을 때, 동네에 살던 누님 한 분이 시집을 갔다. 필자를 무척 귀여워해 주던 누님이었다.

당시 시골의 혼례는 동네잔치였다. 온 마을 사람들이 함께 모여 혼인을 경축했다.

시집을 갔던 그 누님이 신행(新行)을 오던 날, 마을 사람들은 그 누님의 친정에 모였다. 동네 청년들은 해질녘부터 신랑달기를 시작하였다. 신랑을 거꾸로 매달고 막대기로 발바닥을 때리며 곤욕을 주었다.

"날강도같이 값도 치르지 않고 우리 예쁜 동생을 데려가다니……. 에잇, 맛 좀 봐라!"

· 무심코 내뱉은 한마디가 살인을 부른다.

"어이쿠, 나 죽네!"

동네 청년들의 짓궂은 말과 장난스런 매질에 신랑은 연신 죽는소리를 했다. 색시를 부르고 장모님을 불러댔다. 그 광경은 안타깝기도 했고, 또 재미있기도 했다. 구경꾼들의 반응도 양분되어 있었다.

"이젠 그만들 하게."

"장난도 좋지만 너무 지나치구먼."

새색시와 장모를 비롯한 친척이 되는 여자들은 안타까운 표정과 말로 청년들을 말렸다.

"에이, 무슨 소리? 아직도 멀었어. 뭐가 안 나오는 것을 보니……."

"그래, 어른 되는 것이 그렇게 쉽다면 몇 번이라도 장가를 가지."

"다루는 사람들이 영 신통찮군그래?"

남자들과 동네 여자들은 깔깔거리며 청년들을 부추겼다. 이 부추김에 청년들은 더욱 신이 나서 신랑을 괴롭혔다. 막대기로 발바닥을 때리는 것은 기본이었다. 벌겋게 부풀어 오른 발바닥을 살살 간질밥먹이고 종아리에 난 털을 한 움

큼씩 뽑기도 했다. 또한 수판으로 강약을 조절하여 신랑의
발바닥을 문질러대기도 했다.

"어매, 사람 죽겠네."

신랑은 비명을 지르다가 웃다가 하면서 고통으로 몸부림
쳤다.

"그만 좀 하시오! 원, 원하는 것이 뭐요? 다 해주겠으니
말하시오!"

신랑이 다급하게 소리치자 청년들이 낄낄거리며 말했다.

"송아지 한 마리 정도는 잡아야 하지 않겠나? 어떤가?"

"좋아! 잡겠소. 송아지 아니라 황소라도 잡겠으니 어서
나를 풀어주시오."

"허허, 안 될 말씀. 먼저 송아지를 잡아오면 풀어주겠네."

"암, 사람은 뭣 누러 갈 때와 누고 나서의 맘이 틀리니까
말씀이야."

"더이상 말이 필요없지."

청년들 중에서 점수 삼촌이 가장 모질게 신랑을 다루
었다. 그는 신랑의 발바닥에 침을 퉤퉤 뱉어가며 매질을
했다.

"에잇! 요것이 물볼기 동생 물매라고 하는 것이여. 맛이
어떤가?"

"어이쿠, 아얏! 장모님, 제발 절 좀 살려주세요!"

사위의 구원요청을 받은 장모가 부랴부랴 술과 음식을 내
왔다. 그렇지만 한번 발동이 걸린 청년들의 장난은 쉽게 그
치질 않았다.

"×××할 놈의 새끼들아, 해도 해도 너무 하잖아!"

마침내 참다 못한 신랑이 핏대를 올리며 심한 욕지거리를 퍼부었다.

순식간에 방안의 분위기는 이상하게 변했다. 그러자 장모가 화들짝 놀라 청년들을 밀어내고 사위의 발목을 묶은 띠를 풀어주었다.

"자, 이젠 그만들 하고 술이나 마시게."

이때 점수 삼촌이 떨떠름한 표정으로 말을 씹어 뱉었다.

"꼭 산적두목같이 생겨가지고 성질 한번 ×같이 더럽네."

바로 이 말이 끝나기가 무섭게 신랑은 불같이 노하여 바닥을 박차고 일어섰다.

"썅!"

벌겋게 핏발이 선 두 눈에서는 번쩍번쩍 불똥이 튀었다. 그 눈을 보는 순간 나는 불현듯 등골이 오싹해지면서 불길한 생각에 휩싸였다.

이윽고 나는 눈을 찔끔 감고 고개를 돌렸다. 그리고 손가락으로 귀를 꽉 틀어막았다. 신랑이 방구석에 있는 다듬잇돌을 번쩍 치켜들었던 것이다.

"뻑!"

"으악!"

둔탁한 마찰음에 무엇이 깨어지는 소리와 동시에 단말마 비명소리가 귀청을 찢었다. 살인사건이 일어난 것이다.

이날 밤 필자의 할아버지는 오랫동안 벼룻돌에 당먹을 정성들여 가셨다. 그런 다음 큰 글씨로 '구시화지문(口是禍之門)'이라는 한자를 쓰셨다.

· 구시화지문(口是禍之門) – 입은 재앙을 불러들이는 문이다.

"모름지기 화는 입으로 들어오는 법이다. 그러니 항상 말을 삼가야 한다."

평소에 말씀을 아끼시던 할아버지께서 그날은 말씀을 많이 하셨다. 그때 들려주신 이야기는 삼십 년이 지난 지금도 어제의 일처럼 생생하기만 하다.

"조조도 입으로 망했느니라."

할아버지께서는 이런 말씀으로 조조(曹操)의 죽음을 이야기하셨다.

입으로 망한 조조

일세의 영웅이요, 범같이 용맹스런 장군 관우(關羽)는 손권(孫權)의 부하장수 여몽(呂蒙)의 계략에 빠져 사로잡히는 몸이 되었다.

손권은 밧줄에 꽁꽁 결박당한 관우를 회유하려고 했다.

"나는 오래 전부터 장군을 사모하고 있었소. 그런데 천하 무적이신 장군께서 우리 군졸들에게 사로 잡혔으니…… 이는 하늘이 장군으로 하여금 오나라에 봉사하라는 뜻이 아니겠소?"

이 말을 들은 관우는 눈을 부릅뜨고 벽력 같은 소리로 손권을 꾸짖었다.

"우쭐대지 마라! 너 같은 필부가 어찌 참다운 무사의 뜻을 알랴!"

손권은 천하영웅 관우의 마음을 얻지 못하는 것을 못내 아쉬워하며 계속 설득했다. 그러나 관우의 마음은 요지부동이었다.

"참하라!"

마침내 손권은 관우의 목을 베도록 하였다. 그리고 그 목을 위나라의 조조에게 보냈다.

"그게 정말이렷다! 정말 관우의 목이 저 속에 들어 있단 말이렷다?"

조조는 처음에 그 말을 믿지 못했다. 눈을 휘둥그레 뜨고 거듭 말로 확인한 다음에 직접 관우의 목을 보기로 했다.

관우의 목은 목갑(木匣) 속에 담겨져 있었다. 뚜껑을 열고 들여다보니 관우의 수급은 생시와 다름없는 당당한 모습이었다.

그것을 보고 조조는 한동안 말이 없었다. 그러다가 문득 껄껄 웃으며 호기롭게 입을 열었다.

"여보게, 운장! 이렇게 만나서 반갑네."

그러자 이때 놀라운 일이 벌어졌다. 조조의 말이 미처 끝나기도 전에 목갑에 담겨 있던 관우의 수급이 입을 쩍 벌리는 것이 아닌가!

관우의 수급은 마치 살아 있는 사람이 불 같은 분노를 폭

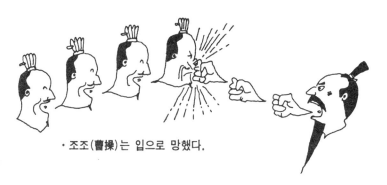

· 조조(曹操)는 입으로 망했다.

발하는 것처럼 눈을 부릅뜨고 사방을 무섭게 흘겨보았다.
그 머리와 긴 수염은 일시에 꼿꼿이 서서 파르르르 떨고 있
었다.

"으악!"

조조는 외마디 비명을 지르면서 까무러쳤다.

그 후 조조는 죽은 관우의 머리가 부렸던 조화를 떨치지
못했다. 입을 쩍 벌리고 눈을 부릅뜬, 그 무섭고도 두려운
모습은 자나깨나 계속 나타나서 조조를 괴롭혔다.

조조는 매일같이 무서운 꿈에 깜짝깜짝 놀라곤 했다. 그
러다가 마침내 눈을 감았다.

할아버지 말씀의 요지는 '구시화지문'이었다.

"죽은 관우의 수급이 조조에게 능욕을 당했기에 보복을
한 것이다. 죽은 사람도 그러는데, 하물며 산 사람이야 오죽
하겠느냐. 어쨌든 말을 조심해야 한다."

미움 받는 여자

말이 곧 인격이며 교양이다

말하기 좋다 하고 남의 말 말을 것이
남의 말 내 하면 남도 내 말 하는 것이
말로써 말이 많으니 말 말을까 하노라.

필자의 애송시 중의 하나이다. 전해 오는 옛 시조로서 누구의 작(作)인지는 알 수 없으나, '말을 삼가야 한다'는 교훈을 담고 있다.

말이란 사람의 사상이나 감정, 의사를 상대에게 표현하고 전달하는 가장 보편적이고 직접적인 커뮤니케이션이다. 아울러 개인의 인격이나 교양이 가장 잘 드러나는 표현수단이기도 하다.

말이 일상생활에서 얼마나 큰 영향을 미치는 것인가에 대해서는 굳이 설명하지 않더라도 모두가 잘 알고 있을 것이다. 그리고 어떤 말이 좋고 나쁜 말인지를 판단하지 못하는 사람은 드물 것이다.

사람들 중에는 인사말 한마디에도 정이 흠뻑 들게끔 하는 사람이 있다. 밝고 상냥한 목소리로 기분을 흐뭇하게 만드는 사람도 있다.

반면에 말 속에 뼈를 심는 사람, 비아냥거리는 말이나 곱지 않은 표현으로 감정을 상하게 만드는 사람도 있다. 그런 사람을 만나면 마치 상대방의 기분을 나쁘게 만드는 것이 그들의 목적인가 하는 의문이 생긴다.

세상에는 말 한마디 잘못하여 큰 봉변을 당한 사람들이 많다. 말 한마디 때문에 주먹다짐을 하고 살인까지 하는 경우가 비일비재하다.

호 칭

오래 전 필자가 근무하던 잡지사에 이상길(李相吉)이라는 사람이 있었다. 한문에 조예가 깊은 그는 객원사원 자격으로 회사에 나와 주로 한문교정을 보았다.

그는 유교적인 관습이 몸에 밴 나이가 지긋한 사람이었다. 성품이 고루한데다가 워낙 고지식해서 좀처럼 남과 융화하지 못했다.

그는 객원사원인 관계로 직함이 없었다. 그래서 그 호칭이 각각이었다. 어떤 사람은 '선생님'이라고 불렀고, 어떤 사람은 '이씨 아저씨'라고 부르기도 했다. 또한 그냥 '이씨'라고 부르는 사람이 있었고, '여봐요' 하고 아예 호칭을 생략한 사람도 있었다.

그는 힘겹게 인생을 살아가는 사람이었다. 일감이 없어 객원사원 자리에서나마 밀려날까 봐 전전긍긍했다. 그래서 그는 자청해서 회사의 허드렛일을 도맡아 처리했다. 아마 그런 일 때문에 기자들이 필요 이상으로 그를 얕잡아보았을 것이다.

그와 나는 연령 차이가 많이 났지만 마음이 통하는 사이였다. 나는 그를 '이선생님'이라고 호칭하며 깍듯이 대하였고, 그 역시 나를 예사롭게 대하지는 않았다.

"이기자님은 요즘 젊은이 같지 않아요. 앞으로 반드시 일류기자가 될 겁니다."

그는 술이라도 한잔 마시면 심중을 털어놓았다. 항상 묵묵하고 성실하게 일하는 사람이었지만, 가슴에 무서운 불만을 감추고 있었다. 그의 말 속에는 기자들의 언행에 대한 불만이 진하게 묻어나왔다. 대개가 자기를 어떻게 호칭해 주느냐에 따라 호부(好否)를 조금씩 달리했다. 말하자면 '선생님'이라고 호칭해 주는 사람은 '좋은 사람'의 범주에 넣었고, '이씨' 등의 호칭을 사용한 사람들은 무척 괘씸하게 생각하고 있었다.

필자는 그의 불만을 해소시켜주려고 나름대로 노력했다. 알게 모르게 말과 글로 기자들의 무례한 말투와 행동을 지적했지만, 그들은 깨우치지 못했다.

그러던 어느 해 정초였다. 아침부터 기사작성에 골머리를 썩이고 있는데 어디선가 딱딱 껌 씹는 소리가 들려왔다. 신경이 몹시 거슬려 그쪽을 보니 신입 여기자 최미라(가명)

· 한마디의 말을 어떻게 하느냐에 따라 상대방의 감정을
좌우함과 아울러 그 사람의 품격이 달라진다.

였다.

"껌소리 좀 죽입시다."

필자는 한바탕 쏘아붙이고 싶은 것을 꾹 참고 덤덤하게
말했다. 그런데 이 말이 그녀의 감정을 상하게 했던 모양이
었다.

그녀는 껌을 쓰레기통에 크게 소리내어 퉤 뱉더니 함부로
책상을 열었다 닫았다를 하면서 성질자랑(?)을 하기 시작
했다.

나는 그녀의 버릇없는 행동을 보고 뺨이라도 한 대 후려
치고 싶은 감정을 초인적인 인내력을 발휘하여 꾹 눌러 참
고 있었다. 이때 전화벨이 울렸다.

"이씨, 전화예요!"

최기자는 퉁명스럽게 소리쳤다. 사무실에 이씨 성을 가진
사람은 편집장과 필자, 그리고 이상길씨가 전부였다.

그녀가 '이씨'라고 호칭할 사람은 이상길씨뿐이었다. 그
런데 이상길씨는 이맛살을 잔뜩 찌푸리고 못 들은 척 대꾸

조차 하지 않았다.

"이상길씨, 전화라구요!"

그제서야 이상길씨는 아주 느린 동작으로 다가가 전화를 받았다. 통화를 하는 그의 표정은 시종 어두웠고 음성마저 딱딱 부러졌다.

이윽고 전화를 끊은 그가 자리로 돌아가지 않고 최기자를 무섭게 쏘아보았다.

"어머……. 왜 그런 눈으로 보세요?"

"최기자, 나이가 몇이오?"

그가 낮은 소리로 으르렁거렸다.

"아니…… 그걸 왜 물어요?"

이상길씨의 험악한 표정을 보고 최기자가 약간 움찔했다.

"최기자, 금년부터 호칭 좀 바꿔 부를 수 없소?"

"어머? 이씨니까 이씨라 하고, 이상길씨니까 이상길씨라고 불렀는데……. 뭐가 잘못됐나요?"

최기자는 약간 빈정대는 말투로 변명했다. 그러자 이상길씨는 천둥처럼 울분을 터뜨렸다.

"시끄러! 내가 네 친구야? 맞먹자는 거야, 뭐야? 내 막내딸이 너보다 나이가 많아, 이것아! 귀때기에 피도 안 마른 년이 정초부터 재수없게……."

"어머, 어머머……!"

최기자는 얼굴이 빨갛게 달아올라 어쩔 줄 몰라하며 '어머, 어머머'를 연발하고 있었다.

사무실은 쥐죽은 듯이 고요해졌다.

아무도 그들의 험악한 분위기를 말리지 않았다. 일부 나이가 많은 기자들은 빙그레 웃기까지 했다. 필자의 마음도 깨소금을 씹은 맛이었다.

예의범절의 가치

말이란 말하는 이쪽과 듣는 저쪽의 의사교환 수단이다. 한마디의 말을 어떻게 하느냐에 따라 상대방의 감정을 좌우함과 아울러 그 사람의 품격이 달라진다.

최기자가 아버지뻘 되는 이상길씨에게 '이씨'라는 호칭을 사용했다는 것은, 아무리 관대하게 표현하더라도 지옥도 과분할 몰지각한 언동이라 아니할 수 없다.

'이씨'를 '이선생님'이라고 부르는 데는 돈이 들지 않는다. 또한 최기자의 품격을 높임과 동시에 좋은 이미지를 이상길씨를 비롯한 모두에게 심어주었을 것이다.

그러나 그녀는 예의범절의 가치를 알지 못하고 있었다. 사람이 살아가는 데 예의 범절이 얼마나 막강한 파워를 발휘하는가를 모르고 있었다.

필자의 경험으로 보면 사회는 '학교 때의 점수로 나타낼 수 없는 재능'으로 승부하는 곳이라는 생각이 든다.

사실 극소수의 엘리트를 제외한 대부분의 사람들은 점수가 되지 않는 재능으로 승부를 걸고 있다. 즉 성실성이나 근면성, 예의바름, 협조성, 민첩성, 기획성 등이 성적보다 비중있게 다뤄지는 것이다.

실력이 있는 사람도 예의를 모르면 사람들로부터 경원을 당한다. 예의를 모르는 신입사원은 상사에게 밉보이기

쉽다. 사람이 한번 밉보이면 그 나쁜 감정을 씻기가 참으로 어렵다. 인사성있게 처신했더라면 앞날이 순풍에 돛단 듯이 순탄했을 인재가, 단지 그 인사성을 갖추지 못했다는 이유 때문에 고통스럽게 외곽으로 밀리기도 한다.

필자는 예절이 결여되어 있음으로 해서 불행해진 사람을 몇몇 알고 있다.

버릇없이 굴다가 이상길씨에게 호되게 당했던 최기자도 그중 한 사람인데, 그녀는 그 못된 습성 때문에 지금도 행복한 삶을 살지 못하고 있다.

세월이 많이 흐른 후, 그녀가 필자를 찾아왔었다. 홀로서기를 해야 하는 입장이기 때문에 일자리가 필요하다는 것이었다.

그러나 필자는 그녀에게 도움을 줄 수 없었다. 일자리가 없었다거나 그녀의 소양이 부족하기 때문이 아니었다. 단지 그녀의 성품상 팀워크를 해칠 우려가 다분했기 때문이었다.

효과적으로 말하는 법

'말은 꾸밀 탓으로 간다'는 속담이 있다. 같은 내용의 말이라도 다르게 표현할 수 있다는 말이다. 다음은 '효과적으로 말하는 법'에 관한 삽화이다.

묻는 방법

유대인 학생들 사이에 《탈무드》를 공부하는 도중 담배를 피워도 괜찮은지, 아니면 피우면 안 되는지가 문제로 등장했다.

한 학생이 라비(rabbi)에게 물어보았다.

"선생님, 탈무드를 공부할 때 담배를 피워도 괜찮습니까?"

"안 돼!"

라비는 이맛살을 찌푸리며 격렬한 어조로 말했다.

"너는 묻는 방법이 잘못되었어. 이번에는 내가 가서 물어 보지."

다른 학생이 라비에게 달려갔다.

"선생님, 담배를 피우는 동안에도 탈무드는 읽어야겠지 요?"

"그렇지! 읽어야 하고말고."

라비는 흡족한 표정으로 대답했다.

불상에 절한 개신교 목사

예로 든 삽화와 같이 같은 말이라도 하기에 따라 다르다. 우리가 흔히 하는 말로 '아' 다르고 '어' 다른 법이다. 한 예로, 자신보다 연장자가 하는 일이 잘못되었을 때, "그것 은 좋은 일이 아닌 것 같습니다."라고 말하는 것은 괜찮지만, "그렇게 하신 것은 나쁜 일입니다."라고 말해서는 안 된다.

'좋지 않다'와 '나쁘다'는 결국 같은 의미의 말인데도 받 아들이는 사람의 감정은 사뭇 다른 반응을 나타내게 되는 것이다.

성철 큰스님이 살아 계실 때, 스님을 만나려면 불전 삼천 배를 해야 했다는 이야기는 유명하다.

어느 날, 한 개신교 목사가 스님을 만나보고 싶어 절을 찾 았다. 스님은 "날 만나려면 개신교 목사라 해도 불전 삼천 배를 해야 된다."고 말했다.

목사는 난처한 표정을 지었다.

"신도들에게 우상숭배라고 가르쳤는데……."

스님은 잠시 생각에 잠겨 있다가 입을 열었다.

"그래요? 그렇다면 하나님을 반대하고 예수교를 제일 반대한 사람이 제일 먼저 천당에 가라고 축원하며 절을 하시오."

이 말을 들은 목사는 즐거운 마음으로 삼천 배를 하고 스님과 대화를 가졌다고 한다.

다음에 소개하는 이야기도 재치있는 화술과 그렇지 못한 화술이 대비된 삽화이다.

고기의 크기가 다른 이유

옛날에 박씨 성을 가진 나이 지긋한 백정이 장터에 푸줏간을 내고 있었다.

어느 날 양반 두 사람이 고기를 사러 왔다.

"어이, 백정. 고기 한 근 다오."

"그러지요."

박씨는 솜씨 좋게 칼로 고기를 베어주었다.

함께 온 양반은 상대가 비록 천한 백정의 신분이긴 하지만 나이 든 사람에게 말을 함부로 하기가 거북했다.

"박서방, 여기 고기 한 근 주시게."

"예, 고맙습니다."

기분 좋게 대답한 박씨는 선뜻 고기를 잘랐다. 그런데 먼저 고기를 산 양반의 고기보다 월등히 컸다.

먼저 고기를 산 양반은 그것을 보고 화가 나서 빽 소리를

지르며 따졌다.

"이놈아, 같은 한 근인데 어째서 이 사람 것은 크고 내 것은 적으냐?"

박씨가 대답했다.

"네, 그야 손님 고기는 백정이 자른 것이고요, 이 어른 고기는 박서방이 잘랐으니까요."

예절에는 특별한 형식이 없다

고운 말을 쓰고 예절을 지킨다는 것은 그리 힘든 일이 아니다. 돈이 드는 것도 아니다. 그러나 많은 것을 얻게 한다.

사실 사람의 감정은 누구나 엇비슷하다. 상대방이 자신을 대우해 주면 기분이 좋고, 예의에 소홀하면 감정이 상하게 되는 것은 당연하다.

예절에는 특별한 형식이 없다. 다만 상대방의 감정에 알맞게 행동하는 것이 예절의 기본이다. 슬픈 일을 당한 사람에게는 함께 슬퍼해 주고, 기쁜 일을 당한 사람에게는 함께 기뻐해 주는 것이 좋은 예절이다.

저 까마귀는 댁에서 기르는 까마귄가요?

솔직히 말해 필자는 화술이 유창하지 못하다. 말이 느리고 음성이 탁하여 답답하다는 지적을 받은 적도 있다. 또한 어떤 단어를 표현할 때는 발음이 제대로 되지 않기 때문에 말을 더듬기까지 한다. 한마디로 눌변의 사람이라 할 수 있다.

그러나 필자를 아는 많은 사람들은 필자를 평하기를 설득력이 강하다고 말한다. 대화에 깊이가 있고 신뢰감을 느끼게 하는 화법을 구사한다고 호평을 하기도 한다.

사실 필자는 언변이 좋은 사람들을 썩 신뢰하지 않는다. 입만 열면 청산유수로 말하는 사람을 만나면 웬지 부담스러움을 느낀다. 좀더 심하게 표현하면, 마치 사기꾼을 만난 것처럼 경계심이 앞선다.

필자는 사람을 만나 대화를 할 때 그 내용을 중시한다. 말

장난을 늘어놓거나 알갱이 없는 말을 들을 때는 귀가 시끄러워 머리가 흔들릴 지경이 된다.

세상에는 수많은 말들이 난무하고 있다. 좋든 싫든 우리는 하루에도 많은 사람들과 만나야 하고, 눈을 뜨면 들리는 것이 말이기 때문에 듣기 싫어도 들어야 하는 경우가 많다.

그리고 나름대로 경계를 하지만, 흥겹게 차려놓은 말잔치에 취할 때가 많다. 말씀으로는 깊은 감명을 주고 행동으로는 울고 싶도록 실망을 주는 사람을 만났을 때 차라리 귀머거리가 되었으면 좋겠다는 생각을 하기도 한다.

그럴 때면 필자가 어김없이 떠올리는 삽화 하나가 있다.

옛날 어떤 마을에 유복한 노인이 살았다. 살림살이는 넉넉했고, 그 아들은 정승 벼슬을 하고 있었다. 이렇게 팔자 좋은 노인은 점심을 먹은 후에 으레 목침을 높이 베고 낮잠을 즐겼다.

어느 하루, 방안에 매단 선반이 무너지면서 선반 위에 얹혀 있던 물건들이 떨어졌다. 그 물건 중에는 대형 옥돌벼루가 있었는데, 공교롭게도 그 벼루가 정통으로 낮잠 자던 노인의 머리를 쳤다.

그 집에는 금세 초상이 나고 말았다. 정승집의 초상이라 문상객이 줄을 이었다.

말주변이 없기로 유명한 어느 벼슬아치가 문상을 왔다. 다른 사람들은 모두 곡도 잘하고 상주를 붙들고 위로의 말도 잘하는데, 이 벼슬아치는 도무지 무어라고 말해야 좋을는지 적당한 말이 생각나지 않았다.

벼슬아치는 우물쭈물 망설였다. 그러는 동안 다른 조문객들은 하나둘 돌아가고 결국 그 벼슬아치만 남게 되었다. 그래서 생각 끝에 상주인 정승에게 한마디 했다.

"그토록 정정하시던 춘부장께서 어쩌시다 이렇게 졸지에 가셨습니까?"

상주는 곤혹스런 표정으로 대답한다.

"무거운 옥돌벼루가 위에서 머리를 내리치고 밑에서는 딱딱한 목침이 머리를 받치고 있는 바람에 그만……."

상주의 이 대답을 듣고 금세 자리에서 일어서기가 뭣한 벼슬아치는 한 가지 더 묻는다.

"무거운 옥돌벼루가 머리에 떨어졌다면 눈은 상하지 않았습니까?"

"불행중 다행으로 눈은 다치지 않았습니다."

대화가 여기에 이르자 묻는 자도 대답한 자도 문답이 난감하게 진행되었다는 것을 알았다.

민망해진 벼슬아치는 자기의 실수를 만회할 만한 한마디를 하고 싶었다. 그러나 아무리 머리를 쥐어짜도 적합한 말이 떠오르지 않았다.

벼슬아치는 하는 수 없이 밖으로 나왔다. 댓돌 위에 자기의 신발만 동그마니 놓여 있는 것이 보였다. 그것을 본 벼슬아치는 대뜸 한마디했다.

"엑끼, 무정한 사람들! 자기들 신발은 다아 신고 가고 내 신발만 이렇게 남겨놨군그래!"

큰소리로 한마디하고 나니 속이 후련한 듯했다. 그러나 잠시 생각해 보니 자기가 또 실수했다는 것을 알았다. 그래서 신을 다 신고 마당에 내려서서도 찜찜한 마음에 선뜻 대문이 나서지지 않았다.

그때 마침 마당에 있는 나무에 까마귀 한 마리가 앉아 울고 있었다. 그러자 벼슬아치는 까마귀를 손가락으로 가리키며 상주에게 한마디했다.

"저 까마귀는 댁에서 기르는 까마귄가요?"

이 바보스런 이야기는 번지르르한 교언(巧言)과 식언(食言)이 홍수진 이 시대에 차라리 청량감을 주는 '아차 화술'이라 할 수 있다.

불완전한 인간이 딱딱 할말만 하고 살아갈 수는 없다. 때로는 적당한 실수를 저지르는 것이 오히려 인간미를 느끼게 한다.

그러나 어떤 경우라도 남에게 피해를 주거나 치명적인 상처를 입히는 말은 자제해야 한다. 특히 중상모략이나 헛소문을 유포하는 경우는 어떤 이유로도 용서받을 수 없다.

입보다도 귀를 높은 지위에 앉혀라

'유대인 두 사람이 모이면 세 사람 분의 의견이 나온다'는 속담이 있다. 유대인에게 질문하면 질문으로 되돌아온다라고 말할 수 있을 정도로 유대인은 호기심이 강하다. 하여간에 유대인만큼 잘 지껄이는 민족은 지구상에서 찾아보기 힘들 것이다.

'말 많은 집은 장맛도 쓰다'는 우리네 속담이 있듯 말이 많으면 쓸 말이 적고 실수가 따르는 법이다. 그래서 유대인의 성전이라 일컫는 《탈무드》에는 입에 대한 경구가 많다.

그것을 몇 가지 소개하면 다음과 같은 것인데, 머릿속에서 되새기면 되새길수록 그 참맛이 우리의 폐부를 찌른다.

1.
어느 장사꾼이 거리를 걸으면서 큰소리로 외쳤다.

· 물고기는 언제고 입에 낚시가 걸린다.
사람도 역시 입으로 걸리게 된다.

"인생의 비결을 팝니다. 최고로 지혜로운 인생의 비결을
살 사람은 없습니까?"

이 소리를 듣고 온 동네사람들이 모여들었다. 그중에는
라비도 몇 명 있었다. 동네사람들은 모두 인생의 비결을 사
겠다면서 장사꾼이 원하는 값을 지불했다.

돈을 챙긴 장사꾼은 사람들을 둘러보며 큰소리로 또박또
박 말했다.

"잘 들으십시오. 인생을 참되게 사는 비결이란 자기 혀를
조심해서 사용하는 것입니다."

마을사람들은 모두 고개를 끄덕이며 과연 그렇다고 생각
했다.

2.
어떤 라비가 제자들을 위해 만찬을 베풀었다. 소의 혀, 양

의 혀로 만든 요리가 나왔는데, 그중에는 딱딱한 혀와 부드러운 혀가 있었다.

제자들은 앞을 다투어 부드러운 혀만을 먹으려고 했다. 그것을 보고 라비가 말했다.

"너희들도 자기의 혀를 언제나 부드럽게 해두어라. 딱딱한 혀를 가진 사람은 남을 노하게 하거나 불화를 초래할 것이다."

3.

어떤 라비가 하인에게 시장에 가서 무엇이든지 맛있는 것을 사오라고 시켰다.

하인은 혀를 사왔다.

다음날 라비는 하인을 불렀다.

"오늘은 시장에서 가장 싼 음식을 사오너라."

그러자 하인은 이번에도 또 혀를 사왔다.

"맛있는 것을 사오라고 했을 때도 혀를 사오더니, 오늘은 싼 음식을 사오라고 시켰는데 또 혀를 사왔으니 어찌 된 영문이냐?"

라비가 물었을 때 하인은 천천히 입을 열었다.

"혀가 좋을 때는 그 이상 좋은 것이 없지만, 한편으로 나쁘면 그 이상으로 나쁜 것이 없습니다."

4.

이 세상의 동물들이 뱀을 보고 말했다.

"사자는 먹이감을 넘어뜨린 뒤에 먹는다. 늑대는 먹이감을 찢어발겨서 먹는다. 그런데 뱀아, 너는 먹이를 통째로 먹으니 그 이유가 무엇이냐?"

뱀이 대답했다.

"나는 남을 중상하는 자보다 낫다고 생각한다. 입으로 상대방을 상하게 하지는 않으니까."

5.

몹시 수다스런 사나이가 하루는 이웃마을에 사는 라비를 방문하여 이렇게 말했다.

"우리 마을의 라비가 당신의 욕을 했습니다."

"그럴 리가 있나!"

라비는 의자에서 벌떡 일어나 믿을 수 없다는 표정을 지으며 소리쳤다.

"아닙니다. 정말 당신의 욕을 했습니다."

"그럴 리가 있나! 그럴 리 없네!"

라비는 손사래를 치며 몇 번이고 소리쳤다.

"정말입니다. 내 두 귀로 똑똑히 들었습니다."

사나이도 지지 않고 목청을 돋우어 이렇게 말했다. 그러자 라비는 눈을 끔벅이며 조용히 입을 열었다.

"그럴 리가 없다. 그 자리에 자네가 있었다면 그 라비는 한마디도 말할 틈이 없었을 것인데 무슨 소린가.

"……"

유대인의 격언에 '혀에는 뼈가 없다는 것을 잊지 말라'는 것과 '입보다도 귀를 높은 지위에 앉히라'는 것이 있다.

· 혀 밑에 죽울 말도 들어 있다.

앞의 격언은 수다스러움을 타이르기 위한 말이다.

혀에게 재주를 가르친다는 것은 어렵다. 너무 말을 많이 하지 말아라, 비밀을 지켜라, 충분히 생각한 후에 입을 열어라 등등을 날마다 혀에게 가르친다 해도 혀는 금방 잊어버리고 만다. 혀에는 뼈가 없기 때문이다.

입을 잘못 놀렸기 때문에, 말해서는 안 될 말을 했기 때문에, 가만히 있어야만 할 때 혀를 놀렸기 때문에 인생에서 커다란 화를 당한 사람이 많다.

인간은 일생을 뼈 없는 혀와 함께 지내지 않으면 안 되는데, 그 혀란 놈은 조금만 방심하면 함부로 날뛴다. 마치 자기의 의지를 가지고 있는 것처럼 제멋대로 지껄여서 그 주인을 곤경에 빠뜨리는 것이다.

그래서 유대인은 말하기를, "당나귀는 긴 귀로 구별할 수 있고, 어리석은 자는 긴 혀로 구별할 수 있다."고 했다.

새는 조롱에서 날려보내도 또다시 잡을 수가 있다. 그러나 입에서 도망친 말은 영영 잡을 수가 없다. 그때 그때의 감정에 따라 한마디를 덧붙이는 일은 언제고 할 수 있으나, 이미 해버리고 만 한마디를 철회하기란 하늘의 별을 따는 것만큼이나 어려운 것이다.

　인간에게 입이 하나에 귀가 두 개인 이유를 유대인은 말하는 것의 두 배를 들으라는 뜻으로 풀이하고 있다.

　사실 인간은 입 때문에 망하는 수는 부지기수지만 귀 때문에 망하는 사람은 없다. 물론 귀가 얇아서 남의 말에 솔깃하여 무슨 일을 행했다가 큰 낭패를 당하는 경우도 있지만, 그것은 극소수에 해당한다.

　입은 자기를 주장한다. 귀는 다른 사람의 주장을 듣는다. 말하고 듣는다는 이 평범한 사실 속에는 지극히 복잡한 인간성의 메커니즘이 작용된다.

　인간은 자기를 과시하려고 하는 욕구가 있다. 남보다 뛰어나고 싶고, 주목받고 싶고, 남보다 위에 서려고 하는 것이 여기에 해당된다. 이 욕구가 강할수록 인간은 자기주장을 편다. 나의 잘난 면을, 뛰어난 면을 남에게 보여주어야 하기 때문에 자연 말이 많아지는 법이다.

　그러나 진리는 말이 많으면 쓸 말이 적다는 것이다.

■알아 두면 마음의 보석이 되는 이야기 ②

남에게 호감을 사는 법 여섯 가지

① 다른 사람에게 흥미를 가질 것.
② 좋은 인상을 주는 미소를 보낼 것.
③ 다른 사람의 이름을 잘 기억해둘 것.
④ 남의 이야기를 잘 듣고 칭찬해줄 것.
⑤ 화제는 상대방을 본위로 할 것.
⑥ 상대방을 존경할 것.

자신을 잘 보이기 위해 타인을 헐뜯거나, 타인을 악평하기를 즐기는
자는, 오히려 타인의 멸시를 받고 또한 악평을 받게 된다.

제2장

부도 언어를 발행하는 사람들

. . . .

✦

거짓이란 모두
훌륭하게 보이기 위한 것이다.
따라서 거짓은 항상 어리석은 자를 선도한다.
사물은 보통 외관과는 다른 법이다.
겉모습에만 정신을 빼앗겨서
내실을 파악하지 못하는 사람은
곧 통한의 눈물을 흘릴 것이다.

영웅 이야기

　어느 시골 마을에서 열두 명의 사내들이 밀가루를 빻기 위해 시내에 나갔다가 돌아오는 길이었다.

　그중 가장 연장자가 출발할 때의 인원이 맞는지 헤아려 보았는데, 자기를 세지 않았기 때문에 열한 명밖에 되지 않았다.

　그래서 깜짝 놀라 외쳤다.

　"큰일났다 ! 누군가 없어졌어 !"

　그 소리에 일행들은 걸음을 멈추고 저마다 사람들을 헤아려보았다. 그렇지만 모두들 자신을 세는 것을 잊어버렸다.

　"큰일이다. 누군가가 험한 산길을 오다가 길을 잃고 호랑이에게 물려 죽은 것이 틀림없어."

　열두 명의 사내들은 저마다 호랑이에게 물려 죽은 사내의 일을 슬퍼하며 걸음을 재촉했다.

마을이 가까워지자 첫번째 사내가,

"굉장히 큰 호랑이였지!"

하고 말하자 두번째 사내가 말했다.

"크다뿐인가, 미친 것 같은 수놈 호랑이였어."

이 말을 받아 세번째 사내가 말했다.

"그렇게 크고 무서운 호랑이와 싸운 그 친구는 정말 용감했어."

네번째 사내가 말했다.

"용감하다뿐인가, 맨손으로 호랑이의 이빨을 부러뜨린 사람은 이 나라에서 그 친구밖에 없을 거야."

다섯번째 사내가 말했다.

"부러진 호랑이의 이빨은 정말 크고도 날카로웠지."

여섯번째 사내가 말했다.

"호랑이는 이빨이 부러지자 더욱 미친 듯이 날뛰었지."

일곱번째 사내가 슬픈 표정을 지으며 말했다.

"그나저나 그 친구의 가족은 어떡하지? 그리고 우리는 이 일을 어떻게 말하지?"

여덟번째 사내가 침통한 소리로 말했다.

"어쩔 수 없는 일이 아닌가, 사실대로 말할 수밖에……."

아홉번째 사내가 말했다.

"그래, 호랑이와 용감히 맞서 싸우다 죽었다고 사실대로 말하고 가족을 위로해주는 수밖에 없겠어."

열두 명의 사내들은 슬픈 표정으로 마을로 돌아왔다. 그리고 입을 모아 없어진 동료가 호랑이와 싸운 이야기를 하기 시작했다.

그때 꼬마가 열두 명의 사내가 땅에 내려놓은 밀가루부대를 또랑또랑한 목소리로 세기 시작했다.

"하나, 둘, 셋……, 열둘."

부대는 열두 개였다. 꼬마의 셈이 끝나자 이상하게 생각한 마을의 가장 연장자가 돌아온 사내들을 세었다. 열두 사람이었다.

"아니 열두 사람이잖아!"

그 말을 들은 열번째 사내가 기쁜 듯이 소리쳤다.

"없어진 친구가 돌아왔다. 무서운 호랑이를 혼자서 해치우고 돌아온 거야."

열한번째 사내도 덩달아 기뻐하며 말했다.

"호랑이를 이긴 사람은 그 친구밖에 없어. 정말 굉장한 일이야!"

열두번째 사내가 말했다.

"이건 우리 마을의 자랑이야. 우리는 이 나라에서 가장 용감한 사람과 함께 살고 있는 것에 감사해야 해!"

그래서 그날 온마을 사람들은 용감한 사람을 위한 축제를 열었고, 이 영웅의 이야기는 후손에게 전해졌다.

말—그것은 사자(死者)를 무덤에서 불러내고 생자(生者)를 묻을 수도 있다. 말—그것으로 소인을 거인으로 만들고 거인을 때려 잡을 수도 있다.

사기꾼을 간파하는 방법

바람둥이 속성을 지니고 있는 말

필자(어렸을 때)의 고향에서는 "말 잘하는 사람은 국회로 보내라."고 했었다. 대체로 말만 앞세우는 허풍선이를 조롱하는 말로 쓰였다.

국회의원, 아니 범정치인들은 말을 잘한다. '말 빼면 시체'라는 말이 나돌 정도로 언변이 좋다. 선거 때 정치인들의 선거공약을 들어보면 실로 하루 아침에 세상이 개벽할 것처럼 들린다. 곧이곧대로 믿으면 밝은 세상이 금방 열릴 것만 같아 희망이 생긴다.

그러나 목청껏 열변을 토해 내며 공약(公約)했던 내용들이 한낱 말의 성찬이었음을 깨닫는 데는 그리 오랜 시간이 걸리지 않는다. 단지 표를 얻기 위하여 공약(空約)을 남발했던 것이다.

모름지기 말이 많으면 그 속에 쓸 말은 적은 법이다. 술이 과하면 술이 술을 먹듯, 말이 **많으면** 말이 말을 먹는 경우가 많다.

말이 말을 먹는 말은 참으로 달콤하고 화려하여 사람을 취하게 만든다. 그 말 속에는 진(gin)의 향기가 있다. 그 향기에 취해 이끌려들지만 깨어났을 때 남는 것은 환멸이 아니던가.

맹독을 지닌 독버섯일수록 화려하고 아름답다

오래 전 필자의 절친한 친구가 급히 만나자는 전화를 걸어왔다. 무슨 일이냐고 했더니, 아주 중요한 일이기 때문에 만나서 이야기하자는 것이었다.

친구의 말은 큰돈을 벌 수 있는 좋은 기회가 있으니 투자를 하라는 것이었다. 믿을 수 있는 친구였기 때문에 귀가 솔깃해졌다.

"무슨 일인데?"

"좋은 땅이 나왔어."

친구는 누가 들을까 봐 쉬쉬 하며 말을 이었다. 힘있는 사람이 특별히 알려준 확실한 정보라는 것이었다.

친구의 말을 들어보니 그럴듯했다. 신도시 부지로 확정된 땅인데, 공시가 되지 않았기 때문에 아직 그 땅 값은 헐값이라는 이야기였다. 평당 1만 원도 안 되는 그 땅이 공시만 되면 금싸라기 땅으로 변하는 것이었다.

필자의 가슴은 울렁거렸다. 친구의 말대로라면 일순간에 떼돈을 벌 수 있는 것이었다. 그러나 한편으로 의심의 불꽃이 피어올랐다.

"그 사람(힘이 있다는)과 너는 어떤 사이야?"

"응, 우연히 알게 되었어."

몇 다리 거쳐 알게 된 사람이라는 것이었다.

"그런 사람이 왜 잘 알지도 못하는 너에게 그렇게 엄청난 정보를 알려주지?"

"이건 국가기밀이야. 그런데 어떻게 그가 직접 투자할 수 있겠어."

친구의 말을 듣고 보니 역시 그럴 법도 했다. 정부의 요직에 있는 그 사람은 물론이거니와 그의 친지들마저 그 정보를 이용하여 투기를 하면 큰일을 당한다는 것이었다. 그렇기 때문에 정부의 정보기관에서 전혀 예측할 수 없는 사람에게 정보를 제공한다는 것이었다. 물론 위험을 무릅쓰고 정보를 제공하는 데는 그만한 대가를 원하기 때문이었다.

정보료로 요구한 돈은 5천만 원이었다. 적지 않은 돈이었다. 그것도 수표가 아닌 현금으로 준비하여 건네줘야 하는데, 이미 4천만 원은 친구와 그의 형제들이 마련해 놓은 상태였다.

필자가 정보료 명목으로 부담할 돈은 1천만 원이었다. 그 정보가 확실하다면 1천만 원은 아무것도 아니었다. 그러나 만약에 허튼 정보라면 가난한 필자로서는 거금을 날리게 되는 것이었다.

친구는 그 사람의 말을 철석같이 믿고 들떠 있었다. 필자도 들떠오르는 마음을 숨길 수 없었지만 신중하게 생각하려고 노력했다.

•사람들은 분에 넘치는 욕심
때문에 사기꾼의 마수에
걸려든다.

　그날 밤 필자 일행은 강남의 어느 룸 살롱에서 그 문제의
사나이를 만나게 되었다. 인상이 날카로운 중년남자였다.
　그는 자기의 신분을 밝히면서 거듭거듭 비밀을 지킬 것을
당부하고 우리에게 확답을 받았다.
　언변이 좋은 사람이었다. 그의 입을 통하여 힘있는 사람
들의 이름이 거침없이 거론되었다. 고위 공직자의 이름을
뒷집 개이름 부르듯하면서 자신의 힘을 한껏 과시했다.
　친구와 다른 세 사람은 그의 말을 듣고 감탄사를 토해 내
며 연신 고개를 주억거렸다. 그러자 그는 더욱 의기양양하
고 기고만장하여 일반에게 알려지지 않은 청와대의 비사까
지 이야기했다.
　아무튼 그의 이야기는 재미가 있었다. 듣는 사람의 이목
을 집중시키고도 남음이 있었다.
　필자는 그의 언변이 너무도 유창했기에 문득 의심이 생
겼다. 그리고 그의 말은 일반인들이 확인해 볼 수 없는 말이
었다. 생각 끝에 필자는 그를 시험해 볼 필요를 느꼈다.

"김실장님은 잘 계시죠?"

필자가 불쑥 이런 질문을 던지자 그는 빤히 필자를 쳐다보았다. 탐색하는 눈빛이었다.

"제 2 행정조정실의 김철기 실장님 말입니다."

필자는 대수롭지 않다는 듯이 말했다.

"그를 잘 알고 있습니까?"

그의 목소리가 다소 높아졌고, 갑자기 어두워진 눈빛이 약간 흔들리고 있었다.

"잘 알지는 못합니다. 우연한 기회에 한두 번 만나 안면이 있을 뿐입니다."

순간적으로 그의 표정과 말투는 정상을 되찾고 있었다.

"하하하, 그 친구 요즘 죽을맛입니다."

"아니 왜요?"

"여기서는 말씀드릴 수 없고……. 며칠 전에 각하께 크게 책망을 들었지요."

필자는 이런 간단한 문답으로 단번에 그의 정체를 알아냈다. 청와대에 제2행정조정실이 있는지 없는지는 질문했던 필자도 몰랐지만, 김철기라는 인물은 순간적으로 필자가 꾸며낸 가공인물이었다. 그런 그가 며칠 전에 각하께 크게 책망을 들었다니…….

"한잔 받으십시오."

필자는 의자에서 몸을 일으키며 그에게 정중히 술을 권했다. 그는 거만하게 다리를 꼬고 앉아 한 손으로 술잔을 내밀었다.

"이 사기꾼 새끼!"

필자는 벼락처럼 소리치며 그의 눈퉁이에 분노의 주먹을 날렸다.

"어이쿠!"

갑자기 일격을 당한 그는 뒤로 벌렁 넘어지며 뒷벽에 머리를 세차게 부딪쳤다. 연달아 발을 날려 마치 공을 차듯이 그의 머리통을 힘껏 찼다.

그는 머리통을 두 손으로 감싸쥐고 신음을 토해 내며 바닥에 나뒹굴었다.

경찰 조사 결과 그는 고위층을 사칭하여 사기를 치는 고등 사기꾼이었다. 일확천금을 꿈꾸는 인간의 심리를 교묘히 이용하여 사기행각을 일삼던 전과자였다.

독버섯은 화려하다. 맹독(猛毒)을 지닌 독버섯일수록 그 화려함의 강도는 더하다. 이와 마찬가지로 말도 너무 아름답고 감미로운 말은 그 이면에 교활한 흉계를 숨기고 있을 경우가 많다.

사람들은 곧잘 분에 넘치는 욕심 때문에 사기꾼의 마수에 걸려든다. 금방 막대한 돈을 벌 수 있다는 말에 현혹되어 눈이 멀고 귀가 먹는다.

그러나 조금만 깊이 생각하면 사기꾼의 감언이설을 감지할 수 있다. 급속도로 친해진 사람이나 약간 안면이 있는 사람이 까닭없이 당신에게 막대한 이익을 줄 리가 없다. 만약 정말로 그런 이익이 생긴다면 그들 스스로가 챙기지 당신에게까지 그 이익을 나눠주지는 않는다는 사실이다.

그리고 대체로 사기꾼들의 사기행각은 쉬쉬 하는 가운데 이뤄진다. 마치 간첩이 접선을 하듯이 당사자간에 비밀스럽

• 악인은 눈〔雪〕과 비슷하다.
처음 대했을 때는 순백(純白)으로
아름답게 보이지만 금새
진창이 되고 만다.

게 진행되는 것이다.

쉬쉬 한다는 것은 본질적으로 떳떳하지 못하다는 이야기
이다. 따라서 떳떳하지 못한 일에 동참하는 피해자 역시 책
임이 있는 것이다.

입술을 믿지 말고 눈을 믿으라

연전에 방송국 프로듀서를 사칭하여 수많은 여대생들을
농락한 희세의 색마가 검거되었다. 백여 명에 달하는 여대
생들이 신데렐라 꿈에 현혹되어 아무런 의심 없이 그 색마
에게 몸과 돈을 바쳤다.

그 사건 후 어느 여성지는 '색마의 유혹에서 벗어난 여성
들'이란 제하의 인터뷰 기사를 실었다.

그녀들은 모두 지혜롭게 사기꾼의 정체를 밝혀냈다. 단둘
이 비밀스럽게 이야기하는 것을 거절하고 신분을 확인할 수
있는 확실한 연락처를 요구했다. 그러자 슬그머니 사라지더

라는 것이었다.

특정 직업을 사칭하는 대부분의 사기꾼은 간단하게 알아낼 수 있다. 일이 진행되기에 앞서 직접 찾아가거나 전화상으로나마 확인해 보는 것이다. 여기서 주의할 점은 실제로 그곳에 속해 있는 인물의 이름을 도용하여 사기행각을 하는 자도 있다는 점이다. 때문에 여러 가지 채널을 통하여 동일인물인지 아닌지를 확인해 볼 필요가 있다.

필자는 말주변이 좋은 사람을 무턱대고 신뢰하지 않는다. '의심은 병'이라는 말도 있지만, '만사는 붙여 튼튼'하는 것이 불행을 미연에 방지할 수 있는 가장 확실한 방법이다.

입술과 혀끝은 본래 말을 하기 위하여 주어진 기관이 아니다. 정말 말을 하기 위한 기관으로서 신(神)은 인간의 심장을 주셨다. 따라서 맥박이 뛰는 심장의 소리를 눈으로 확인하는 지혜가 필요하다.

귀로 달콤한 말을 듣기보다는 눈으로 말을 읽으라. 입술이 속삭이는 말을 믿기보다는 말하는 사람의 눈을 믿으라.

죽음을 부르기도 하고,
죽은 목숨을 살리기도 하는 세 치 혀

설화사건

말──잘하면 천 냥 빚도 가리지만 못하면 큰 화를 당하게 된다. 혀 밑에 죽을 말도 들어 있는 것이다.

세상에는 재치 있게 말을 잘하여 큰 위기를 넘긴 사람들의 일화가 많다. 반면에 말을 잘못하여 큰 화를 자초한 사람들도 많다.

그들의 실례를 들자면 멀리 갈 필요도 없다. 근자에 국무의원으로서 장관이란 막중한 자리에 있던 서모 장관이 '전직 대통령 4천억 원대 가·차명 계좌 보유' 발언을 하여 일파만파의 엄청난 파문을 일으키고 전격 해임됐다.

지난 5월에도 이와 유사한 일이 있었다. 김모 장관이 군인들이 모인 자리에서 전쟁론을 피력하다가 설화(舌禍)에 휘말렸다.

평소 말 잘하고 당찬 장관으로 소문난 그는,

"한국군은 두 번의 전쟁을 치렀는데 6·25는 동족간의 분쟁이요, 월남전은 용병으로 참여했으므로 올바른 전쟁의 명분을 갖지 못했다."
라고 자신의 소신을 피력했다.

두 번의 전쟁으로 산화한 영령들과 유가족들, 전쟁 부상자들……, 그리고 군에 몸을 바친 사람들을 싸잡아 능멸하는 망언이었다.

한 영관 장교가 거센 말투로 질문을 했다.

"장관께서 6·25는 명분없는 동족상쟁, 월남전은 용병이라 말했는데 참담한 심정이다. 그런 말씀은 안했으면 좋겠다."

순간적으로 장관의 얼굴에 '아차' 하는 표정이 스쳤다. 잠시 후 김 장관은 간단히 답변했다.

"충고를 받아들이겠다."

이 발언이 파문을 일으키자 김장관은 "그런 얘기를 한 일이 없다."고 일단 부인했다. 잘 기억이 나지 않는다며 '용병'이란 단어를 '파병'이란 단어로 살짝 바꾸었다.

'4천억 계좌'의 파문이 불길처럼 확산되자 서모 장관도 급히 말을 바꾸었다.

문제의 발언이 있었던 날 어느 기자가 다음과 같은 요지의 질문을 했다.

"가명계좌(4천억)를 갖고 있는 사람이 누굽니까?"

서장관이 답변했다.

"과거 실력자 아니겠는가.

"전두환, 노태우 전대통령 중 어느 쪽입니까?"

· 말이 당신의 입안에 들어 있는 한, 말은 당신의 노예이지만
일단 밖에 나오게 되면 당신의 주인이 된다.

"두 사람 중 한 사람인 것은 알고 있다. 그러나 발설하지 않기로 친구와 약속하고 들은 것이기 때문에 더이상 말할 수 없다."

다수의 보도진 앞에서 했던 말('비보도'를 전제로 한 말이었으나)을 불과 이틀 후에 완전히 부인했다.

서장관은 이런 요지의 말로 해명했다.

"단지 재미삼아 소문을 전한 것뿐이다. 전직 대통령 이름은 거론한 적이 없다."

말바꿈의 기술이 대단했다. 그의 말을 믿는다면 문제의 발언이 있던 날 참석한 기자들 모두가 말을 잘못 들은 것이 된다. 과연 그럴까?

보통 사람들도 상황에 따라 이리저리 말을 바꾸고 진실을 호도하면 주변의 신뢰를 얻기가 어렵다. 하물며 한 나라의 국무위원으로서 장관직을 맡고 있는 공인의 경우는 더이상 말할 나위가 없는 것이다.

말을 잘하는 것은 사람에게 좋은 장점이다. 일상생활에 퍽 유리하다. 하지만 말은 언제라도 실수할 소지가 다분하다. 무심히 던진 돌에 개구리 머리가 깨지고, 생각없이 뱉

은 말이 망령처럼 그 사람을 옭아매어 고통의 늪 속에 빠뜨
린다.

　돈 많은 사람이 돈으로 인해 고생을 하는 경우가 많고, 아
름다운 여인이 그 아름다움으로 말미암아 파멸하는 수가
있다. 말도 이와 마찬가지이다.

　다음은 일본에서 전하는 민화이다.

찍찍이가 변하여 딱딱이가 되었다

　하다케 야마요시오라는 사나이는 어지간한 명물이었다.
말이 청산유수였고, 모르는 것이 없는 만물박사였다.

　그의 내력을 아는 사람은 아무도 없었다. 열두 살짜리 아
들 하나를 데리고 어촌에 들어온 지 이태밖에 안 되지만, 벌
써 마을의 유지 노릇을 하고 있었다.

　마을 사람들은 몸이 아프거나 답답한 일, 궁금한 일이 있
으면 하다케를 찾아가 도움을 청했다. 질문에 응답하는
하다케의 대답은 항상 명쾌했고 그럴듯했다.

　현대적으로 말하여 그는 대서사(代書士) 겸 중개인, 관상
가(觀相家), 인생 상담가 등의 역할을 했고, 때로는 환자의
병을 처방해 주기도 했다.

　특히 병을 곧잘 고친다는 소문이 나서 여기저기 불려 다
니기에 매우 바빴다. 실상 그는 돌팔이에 지나지 않았다. 떠
도는 동안 얻어 들은 소리로 처방을 했던 것인데, 용하게도
잘 들어맞았다.

　"아이가 젖도 잘 안 먹고 노상 울기만 합니다. 무슨 병에

걸린 것이 아닐까요?"

"아무개가 모년 모월에 돈을 빌려갔는데, 이제 와서 딱 잡아뗍니다. 어찌해야 합니까?"

"딸의 혼례날짜를 좋은 날로 잡아주십시오."

"장사를 하려고 하는데 무슨 장사를 해야 성공하겠습니까?"

"우리집 소를 좋은 값에 팔아주십시오."

가지각색의 질문과 부탁이 들어왔다. 하다케는 구변도 좋게 이리저리 둘러댔고, 썩 훌륭하게 의사 행세와 거간꾼 노릇을 했다.

이러다 보니 자연히 명성은 오르고 수입도 짭짤했다. 마을은 물론이거니와 인근마을 사람들에게까지 존경을 받으니 할수록 재미가 났다.

그러나 모래 위에 지은 집이 끝까지 온전할 수 없듯이, 바탕없는 속임수란 곧 밑천이 바닥나기 마련이다.

"하다케 선생께서 젖을 안 먹고 울기만 하는 아기는 볼기를 쳐주랬는데, 아기의 볼기가 터지도록 쳤어도 소용이 없었어. 아기의 볼기만 벌겋게 부풀어올라 자지러지게 울기만 하고……."

"혼례날을 하필이면 폭우가 쏟아지는 날로 잡아주었어."

"소를 좋은 값에 팔아달랬더니 남보다도 훨씬 값을 못 받아주었어."

"선생의 말을 듣고 소금장사를 했는데 장마가 져서 망했어. 이건 누구에게 호소하지?"

"어, 그래? 나는 우산장사를 하라는 말을 듣고 장사를 시

· 모래 위에 지은 집이 끝까지 온전할 수 없듯이, 바탕없는
  속임수란 곧 밑천이 바닥나기 마련이다.

작했다가 햇볕이 쨍쨍 내리쬐는 바람에 큰 손해를 봤는데.”
　이렇게 여기저기에서 이상한 소리가 들리기 시작했다. 그
의 신용에도 상당히 금이 가서 무엇을 물으러 오는 사람들
의 발길이 뜸해졌다.
　“이젠 이 마을을 떠날 때가 됐나 보군.”
　하다케는 이런 생각을 하면서 해변가를 거닐고 있었다.
　그가 오는 것을 보고 낚시질을 하고 있던 마을사람 하나
가 반색을 하며 일어났다.
　“하다케 선생님, 마침 잘 오셨습니다. 이 고기를 좀 보십
시오. 참 크지요? 가끔 여기 와서 낚시질을 하곤 하지만,
이렇게 큰 고기를 낚긴 처음입니다.”
　“음, 그렇군!”
　“처음 보는 고긴데, 대관절 이 고기의 이름은 뭘까요?”
　하다케도 처음 보는 고기였다. 그러나 모른다고 하기에는
천하의 하다케로서 체면에 관한 문제였다.
　‘뭘까?’
　하다케는 고기를 유심히 살폈다. 그러다가 배를 눌러보니

'찍찍!' 하는 소리가 들렸다. 그 소리를 듣는 순간 하다케의 머리가 빠르게 회전했다.

"하하, 아주 희귀한 고기를 잡았네그려. 이 고기는 찍찍이라고 하는 고긴데, 나도 말만 들었지 직접 보기는 오늘이 처음일세. 자네 오늘 재수가 좋군, 운수대통이야."

하다케는 적당히 둘러대고 '운수대통'이란 말에 유독 힘을 주었다.

"아니, 한번도 보지 못하셨다면서 어떻게 고기의 이름을 아십니까?"

"내가 누군가? 만물박사 하다케 아닌가. 하하하……. 자네, 참으로 운수대통이야. 이 찍찍이란 이름의 고기를 비유해서 말하자면, 백사와 산삼에 버금가는 물고기라고 할 수 있지."

"그렇다면 참으로 귀한 고기군요?"

"암, 그렇다마다."

마을사람은 10엔의 사례를 하고 집으로 돌아갔다. 그의 아내가 눈을 동그랗게 뜨고 고기를 보았다.

"어머, 여보! 그게 무슨 고기예요?"

"하다케 선생께서 찍찍이라고 하시더군."

"찍찍이라구요? 처음 듣는 이상한 이름이군요."

"글쎄 말이야. 전혀 생선다운 이름이 아니야. 꼭 쥐새끼 이름 같지?"

"호호호, 듣고 보니 그렇군요. 하지만 이름이 무슨 상관이에요. 우리 이 찍찍이를 잘 말려 포를 만들어 아버님 제사 때 씁시다."

"좋은 생각이야."

부부는 고기의 내장을 긁어낸 뒤에 양지바른 곳에 두고 바짝 말렸다.

세월이 한참 흘렀다. 아버지의 제사가 눈앞에 닥친 부부는 제수(祭需) 장만에 여념이 없었다.

"여보, 이 고기 이름이 뭐라고 했지?"

남편이 포를 만든 고기를 손에 들고 아내에게 물었다.

"글쎄요……. 잘 생각이 나지 않는군요."

"음, 도무지 기억할 수가 없군. 어쩐다? 이름도 모르는 생선을 제사상에 올리기는 뭐한데……."

"그렇다면 하다케 선생님께 다시 물어보면 되잖아요."

"그렇지! 설마 또 묻는 값을 받으시지는 않겠지."

남편은 딱딱하게 마른 생선을 들고 하다케를 찾아갔다.

"전에 선생님께서 가르쳐주신 이 생선 이름을 깜박 잊어먹었습니다. 죄송하지만 한번 더 가르쳐주십시오."

하다케는 사나이의 손에 들린 마른 생선을 보았다. 그때 뭐라고 둘러대고 10엔을 받은 것은 어렴풋이 생각나는데, 뭐라고 둘러댔는지가 생각나지 않았다. 그는 애써 기억을 되살리며 마른 고기의 배를 눌러보았다. '딱딱!' 하는 소리가 났다.

"딱딱일세, 딱딱이……."

하다케는 의기양양하게 말했다.

바로 이때, 공교롭게도 사나이는 찍찍이라는 생선의 이름을 생각해 냈다.

"아니, 선생님! 전번에는 찍찍이라고 하지 않았습니까?

문득 생각이 났습니다만, 분명히 찍찍이라고 하셨습니다."

"음, 내가 그랬나?"

하다케는 무심결에 말을 뱉고 나서 다소 당황했다. 사나이의 말을 그대로 인정하면 체면의 손상을 감수해야 하는 것이었다.

"아냐, 내가 그랬을 리가 없어. 어떻게 내가 딱딱이를 보고 찍찍이라고 했겠나?"

하다케는 뚝 잡아떼었다.

"아닙니다. 분명히 찍찍이라고 하셨습니다. 나는 그때 아내에게 생선 이름이 꼭 쥐새끼 이름 같다고 말했던 기억이 납니다."

사나이는 주장을 굽히지 않았다.

"허허, 사람 참······. 딱딱이라니까 그러네."

"그렇다면 언제 찍찍이가 딱딱이로 이름을 바꿨습니까?"

"이름을 바꾼 것이 아닐세······."

하다케는 궁지에 몰려 곤혹스런 표정을 지으며 말을 더듬었다.

"선생님의 말씀을 도저히 믿을 수가 없습니다. 그러니 제가 전에 드린 10엔을 돌려주십시오."

사태는 엉뚱하게 비화되었다. 하다케로서는 돈 10엔이 아까운 것이 아니었다. 만일 그것을 돌려준다면 자기의 신용에 결정적인 치명타를 안겨줄 것이 불을 보듯 뻔했다. 그래서 마른 지팡이가 휠 정도로 힘을 주며 끝까지 우겼다.

왈가왈부, 옥신각신, 으르렁으르렁거리던 끝에 두 사람은 함께 관가에 나가 시비를 가리게 되었다.

자초지종을 들은 수령은 혼자서 한참을 키득거렸다.

"으흐흐……. 찍찍이냐, 딱딱이냐? 으흐흐흐……. 세상에 별 소리를 다 듣겠구나. 으흐흐……."

수령은 송사를 진행하면서도 연방으로 터지는 웃음을 참지 못했다.

가까스로 웃음을 진정시킨 후에 근엄한 얼굴을 되찾은 수령은 엄숙하게 말했다.

"하다케! 네놈이 아무런 직업도 없이 무위도식하면서 세치 혀로 순박한 백성들을 속여 고혈을 빤다는 소문을 오래전에 들었다. 본관은 지금껏 딱딱이니, 찍찍이니 하는 괴상망측한 생선의 이름을 들은 적이 없다. 따라서 네가 그렇게 터무니없는 말을 지껄였다는 것만 봐도 네놈의 소행이 얼마나 괘씸했는지 알 수 있다."

여기까지 말한 수령은 눈을 무섭게 부라리며 한껏 목청을 높였다.

"본관은 헛된 망언을 일삼는 자를 가장 증오한다. 너는 사형이다. 너로서는 거짓말 좀 한 것 때문에 사형은 너무 지나친 형벌이라고 생각할는지 모르지만, 나로서는 백성들에게 본을 보이기 위해서라도 일벌백계로 다스리지 않을 수 없다."

수령의 호령은 추상과 같았다.

이제 꼼짝없이 죽게 된 하다케는 몸을 부르르 떨며 눈을 꼭 감았다.

"여봐라! 당장 저놈을 끌어내어 목을 쳐라!"

수령의 말이 끝나기가 무섭게 관졸들이 우르르 달려왔다. 이때 하다케는 감았던 눈을 뜨며 수령을 향해 말했다.

"죽기 전에 한 가지 청이 있습니다."

"말하여라."

"아들에게 유언을 할 수 있도록 허락하여 주십시오."

"허락하겠다."

수령은 죄인의 마지막 소원을 들어주기 위하여 관졸에게 하다케의 아들을 데려오라고 명하였다.

영문도 모르고 관아로 달려온 하다케의 어린 아들은 계하에 꿇어앉은 아버지의 모습을 보고 크게 놀랐다.

하다케는 손짓을 하여 아들을 가까이 다가오도록 했다. 아들이 다가왔다. 하다케는 아들의 어깨에 손을 얹고 담담한 어조로 타일렀다.

"애야, 너는 아버지처럼 중한 죄를 짓지 말아라."

잠시 말을 멈춘 하다케는 물끄러미 수령을 올려다보다가 다시 말을 이었다.

"죽을 죄를 짓지 않으려면……. 너는 앞으로 결코 이카

(물오징어)를 말리면 쓰르메(마른 오징어)가 된다고 말하지 말아라."

하다케의 말이 끝났다. 수령은 갑자기 이상한 표정으로 변하면서 괴상한 소리를 토해 내기 시작했다. 눈이 점점 감겨듦과 아울러 입은 점점 벌어졌다. 그러다가 관아가 떠나가라 하고 박장대소했다.

"하다케! 딱딱이·찍찍이로 본관을 웃기더니 이카·쓰르메로 또 한번 웃기는구나. 참으로 너의 재치가 놀랍다. 너의 세 치 혀가 죽음을 부르기도 하고, 죽은 목숨을 다시 살리기도 하는구나. 으하하하……. 재미있는 녀석! 이카를 말리면 쓰르메가 되듯이 찍찍이를 말렸더니 딱딱이가 되었더란 말이냐? 으하하, 과연 명물은 명물이다. 오늘은 특별히 곤장 열 대로 용서하겠다. 하지만 앞으로는 허튼 소리를 지껄여 자승자박하는 우를 범하지 말도록 하여라."

죽음의 문턱에서 가까스로 목숨을 구한 하다케는 그 후 아들을 데리고 어디론가 훌쩍 떠났다.

본래 말이란 적을수록 좋은 것이다. 왜냐하면 말이 많으면 쓸 말이 적고, 말이 말을 만들어 어느 순간 말한 사람을 향해 카운터펀치를 날리는 배신을 서슴지 않기 때문이다.

부도언어를 발행하는 사람들
不渡言語

정치인들의 말

1993년 12월 10일, 김영삼 대통령은 〈국민일보〉와 기자회견을 했다. 이때 대통령은 단호히 "우루과이라운드(UR) 협상과 관련된 문책인사를, 하지 않겠다."고 밝혔다.

그로부터 5일 후인 12월 15일, 대통령은 CBS와 인터뷰를 했다. 이때에도 대통령은 "현재의 시점에서 문책 개각을 고려하지 않고 있다."라고 분명히 말했다.

한마디 한마디가 천금 같아야 할 대통령의 말은 CBS와 인터뷰를 했던 바로 그 다음날 새빨간 거짓말로 판명되었다. 12월 16일에 문책 개각이 단행된 것이다.

필자는 그것을 보면서 문득 '부도(不渡)'라는 단어를 떠올렸다. '언어 부도'인 것이다.

부도수표나 부도어음에 대해서는 형사상 처벌규정이 있다. 그러나 언어를 부도 냈을 때는 형법도 침묵을 지킨다.

그래서일까. 일부 저명인사들은 감언·교언·망언·폭언·실언을 끝없이 남발하면서도 끄떡없다.

　말 잘하는 사람들(특히 정치인)에게 '부도언어'에 대한 처벌규정이 없다는 사실은 참으로 다행스러운 일일 것이다. 그래서 부담없이 그때 그때 그럴싸한 발림말을 남발한다. 말의 진위, 실행 여부는 뒷전이다. 그들도 잘 모른다. 그러면서도 앵무새처럼 잘도 지껄인다.

　말——, 참으로 무책임한 바람둥이 속성을 지닌 것 같다. 어디에서인가 바람처럼 다가와 귓전에 감미롭게 속삭인다. '사랑한다'는 혀끝의 움직임이 있어야 비로소 기뻐하는 얄팍한 우리들이기에 심장보다는 입을 믿는다. 화려한 말, 감미로운 말, 달콤한 말, 유혹하는 말에 속고 또 속았으면서도 그럴듯한 말에는 역시 귀를 쫑긋 세운다.

　(직업 탓이겠지만) 오래 전부터 필자는 바람처럼 생겨났다가 바람처럼 흩어지는 말을 노트에 꼼꼼히 기록하는 습관이 있다. 처음 사람을 만나면 그의 첫인상과 함께 했던 말을 노트한다.

다음에 만났을 때 "전번에 뵈었을 때 이런 말씀을 하셨지요?" 하면 그들은 적이 놀란다.

매스컴의 스포트라이트를 받는 유명인들의 말은 별도의 노트에 기록하고 있다. 이 노트를 들추면 말이 얼마나 변신을 잘하는가를 일목요연하게 알 수 있다.

여기에서 잠시 필자의 노트에 기록된 몇 가지 말들을 옮겨 적는다. 80년대 이후 네 차례의 국회의원 선거 유세장에서 채록한 말이다.

▶ 4년간 의정 단상에서 함께 일해 온 ××당 후보도 야당이 되는 기쁨을 맛보게 하고, 이 사람도 여당이 되는 고통을 감수케 해달라.

▶ 춘향이의 한은 이도령을 만나야 풀리듯 남원의 한은 나를 국회에 보내야 풀린다.

▶ 암탉이 울면 집안이 망한다는 속담이 있지만, 여당이든 야당이든 수탉들이 아무리 울어젖혀도 민주주의의 동이 틀 기미조차 없다. 그래서 여자인 내가 나섰다. 지난 4년간 장닭이 뭘 했느냐?

▶ 11대 때 나는 국회건설위에 소속되어 건설부 장관 셋을 내 손으로 내쫓았다. 세 장관이 울면서 나를 컴퓨터 의원님이라 불렀다.

▶ 6 · 3사태로 학교에서 제적되고, 5공화국 때 신문사에서 쫓겨났으며, 이번에는 공천과정에서 민한당에서 쫓겨났다. 나는 억울한 후보다.

▶ ×후보는 42번 국도 포장을 선거 때마다 공약해 소뼈다

귀 우려먹듯 한다.

▶ 아직도 겨울인데 웬 날씨가 이렇게 포근한가 했더니 사
  쿠라꽃이 만발했기 때문이구나!

▶ 내가 피치 못해 겉옷을 갈아입었지만 내복과 속옷까지
  갈아입은 것은 아니다.

▶ 양쪽에서 돈 받고 선물 받아 어느 쪽을 찍을지 고민하
  는 분들이 계실 것이다. 고민할 것 없이 선거날 나를
  찍으면 될 것이다.

말의 성찬지대

선거철에 유세장을 찾아다니면 재밌다. 우선 지루하지
않다. 귀가 즐겁다. 잔칫상이 너무 걸어 말만 들어도 배가
부르다.

그들의 연기력은 또 얼마나 뛰어난가.

어떤 후보자는 사자후를 토하느라고 몸까지 부르르 떤다.
어떤 후보자는 엉엉 울기도 한다. 또 어떤 후보자는 시종 일
관 자기 자랑으로 침을 튀긴다.

후보들간의 말씨름도 여간 재밌는 것이 아니다. 이렇게
치면 저렇게 되받아치고, 장군하면 기다렸다는 듯이 멍군
한다. 말들은 청산유수다. 막힘이 없다. 콩을 팥으로도 만
들고 흑을 백으로 만들기도 한다. 물이 없어도 다리를 놓고,
산이 없어도 터널을 뚫는다. 하여튼간에 말발이 세다.

"헌신짝 버리듯 조강지처를 버린 사람이 무슨 낯짝으로
이 자리에 나타났는지 모르겠다."

· 맹독을 지닌 독버섯일수록 화려하고 아름답다.

한 후보자가 이리저리 정당을 옮긴 다른 후보자의 변절을 꼬집는다. 다른 후보자의 반격도 만만치 않다.

"처녀도 시집가기 전에는 선을 두세 번 보는 법이다. 내가 왔다갔다한 것은 사실이지만, 나는 때가 되면 떠나는 철새가 아니라 때가 되면 돌아오는 연어다."

변절을 물고늘어지는 것에 대하여 이렇게 받아친 후보자도 있다.

"시집가서 시부모 잘 모시다가 친정에 돌아온 사람이다."

후보자들은 온갖 말을 동원하여 다른 후보자들을 팍팍 깎아내린다. 나는 잘났고 너는 못났다고 우기다 보면 십중팔구 말꼬리가 잡힌다.

"인물로 보나 학벌로 보나 사람 됨됨이로 보나 나를 따라올 사람이 있느냐! 국회의원이나 장·차관을 시험으로 뽑는다면 자신있다."

꼬투리를 잡으려고 잔뜩 벼르고 있던 다른 후보가 '옳거니' 하고 반격한다.

"좋다! 시험으로 해보자. 나는 고등고시 사법·행정 양과를 우수한 성적으로 합격하고 변호사 시험에도 합격했다. 대통령을 시험으로 뽑는다면 좋겠다."

누군가가 말하기를 '국회의원이란 자기 자랑을 잘해서 표를 얻은 사람'이라고 했다. 과연 그렇다. '말을 빼면 시체'라는 말이 나돌 정도로 말의 성찬지대가 국회이다.

블랙 코미디

13대 국회 때 '5공 청문회'가 TV중계되었었다.

역시 말 잘하는 국회의원들이었다. 증인을 향해 벼락을 치듯 호통을 치며 비리를 캐어묻는 모습은 어떤 카타르시스를 느끼게 했다.

필자는 그 중계방송의 열렬한 시청자였다. 밤잠을 설쳐가며 시청했다. 그것으로도 부족하여 온갖 신문을 샅샅이 읽었다.

"귀하가 지구상에서 사라져주어야겠다."

일해재단 청문회에서 어느 야당의원이 영화 속에서나 나옴직한 집행자(執行者)처럼 증인을 향해 소리쳤다. 법을 만드는 국회의원의 입에서 나온 말치고는 초법적인 말이라 아니할 수 없었다.

필자는 그 의원의 법률지식이 어떠한지는 모른다. 그러나 법을 만드는 국회의원이니만큼 법률지식이 있다고 가정한다면, 그 의원의 말은 다분히 여론을 의식한 발언이었다고밖에 설명할 도리가 없다.

"회장님, 제가 너무 몰아붙였죠?"

"밥먹고 합시다."

"개인적으로 인기있다고 까불다간 흔적도 없이 사라

진다.”

“한 방에 날려버리겠다.”

“내가 입을 열면 여러 사람이 다친다.”

“인두로 입을 지질 수도 없고…….”

“사랑에는 후회가 없습니다.”

말 잘하는 그들의 입에서는 재미있기도 하고, 슬프기도
하고, 비참하기도 하고, 한심하기도 하고, 분통이 터지기도
하고, 알쏭달쏭하기도 한 말들이 끊임없이 만들어졌다가 사
라진다. 개중에는 큰 파문을 일으키기도 하고 세간에 유행
어로 회자되기도 한다.

“팽(烹)당했다!”

한때 크게 유행했던 말이다. 이 말을 발설한 박모 씨는

'토사구팽(兎死拘烹)'이라고 했는데, 세인들이 '팽당했다'로 간단히 줄여버린 것이다. 쓸모있는 동안에는 실컷 부림을 당하다가 소용이 다하자 버림을 당했다는 것을 문자로 표현한 말인데, 표현으로서는 참으로 멋지다고 아니할 수 없다.

격화소양(隔靴搔癢)이란 문자도 유행했었다. 신을 신고 발바닥을 긁는다는 뜻인데, '팽당해야 하는' 억하심정을 그렇게 표현한 것이다.

대단히 외람된 말이 되겠지만, 정치인들은 공언(空言)을 잘한다. 표현을 달리하여 말하면 약빠르게 '부도언어' 발행을 잘한다.

언젠가 필자의 집안 동생이 흥분에 들떠 있었다. 지역구 국회의원(동생은 선거 때 그의 자원봉사를 했다)에게 취직을 부탁했는데, '알아보겠다'는 긍정적인 말을 들은 것이다.

대학을 졸업하고 집에서 놀고 있던 동생은 기다렸다. 이제나저제나 언제 좋은 소식이 올까 애타게 기다렸다. 하염

팽당했다

없이 기다렸다.

그러나 일년이 훌쩍 지나도록 좋은 소식은 오지 않았다. 집에서 놀기에도 면목이 없어진 동생은 다시 그 국회의원을 찾아갔다.

국회의원은 동생을 기억하고 있지 않았다. 동생은 어디에 사는 누구의 아들이며, 선거 때 자원봉사를 했다는 사실을 밝혔다. 그제서야 국회의원은 아주 귀한 사람을 만난 것처럼 반가워했다.

이런저런 이야기 끝에 동생은 넌지시 부탁했던 취직문제를 꺼냈다. 국회의원은 조금도 주저하지 않고 대답했다.

"알아보고 있는 중이니 조금만 기다리게."

그 국회의원은 동생의 취직자리를 열심히 알아보고 있다. 10여 년이 지난 지금까지도……

예로부터 부도언어를 요령있게 발행하는 기술은 정치인이나 공직자들의 자리 보존에 절대적인 영향을 끼치는 것 같다.

국회의원들의 대정부 질의에 답변하는 총리나 장관들의 공통된 말은 '선처하겠다'와 '노력하겠다'이다. 껄끄러운 질문을 피해가는 데 있어서 이런 말보다 더 좋은 말은 아마 없을 것이다. 만약 어떤 질문에 대한 답변자의 신념이 '분명한 NO'라고 할지라도, 사실대로 말해서는 큰일이다.

'선처하겠다', '노력하겠다'라는 말은 어떤 측면에서 모든 책임을 면할 수도 있는 절묘한 화법이다. 답변에 대한 뒷책임은 거의 없다. 선처하지 않아도, 전혀 노력하지 않아도 큰 문제는 없는 것이다.

“알아보겠다.”

“알아보고 있는 중이다.”

필자의 집안 동생은 요령있게 발행한 어느 정치인의 ‘부도 언어’를 믿고 눈이 부시게 젊은 날의 한때를 허송했다.

이렇듯 정치인들은 유권자들에게 달콤한 약속의 말을 남발한다. 어떠한 민원과 청탁에도 결코 면전에서 거부하지는 않는다. 그리고 의뢰인이 돌아갈 준비를 하기 위해 등을 돌린 순간 부탁받은 일은 깨끗이 잊어버리는 경우가 많다.

말——, 그것은 참으로 무책임한 바람둥이의 속성을 지니고 있다. 그러나 심장보다 혀끝을 더 믿는 우리는 오늘도 그럴싸한 말에 귀가 솔깃하여 마음을 빼앗기고 있다.

■ **알아 두면 마음의 보석이 되는 이야기 ④**

상 술

어느 시장에 골동품상이 두 군데 있었다. 한쪽은 오래전부터 그곳에서 점포를 해왔고 평판도 좋았다. 또 한 군데는 겨우 2년 전에 점포를 열었을 뿐이다. 그런데 놀랍게도 그 이후로는 오래된 점포는 쇠퇴해져 갔고 새로 점포를 낸 쪽은 날로 번영했다.

오래된 골동품상점은 비상이 걸렸다. 그때 마침 경쟁 상대의 경리가 근무처를 바꾸고 싶다는 말을 듣자 그 사나이를 고용하기로 결정했다. 그렇게 함으로써 상대방의 성공 비결을 알아내자는 것이었다. 그 사나이가 자기네 점포에서 일을 하게 된지 며칠 후에 찻집으로 데리고 갔다.

커피를 마시면서 주인이 말문을 열었다.

"내가 자네를 고용한 것은 경쟁 상대의 비밀을 듣고자 해서 한 것이 아니야. 그러나 이것만은 좀 이야기해 주게나.

저쪽은 어디가 어떻기에 그토록 장사가 잘되나. 무언가 참고될 만한 것이 있으면 들려 주지 않으려나. 틀림없이 어떤 비밀이 있을 거야."

종업원은 잠시 가만히 있더니 대답했다.

"하는 수 없이 대답을 해야겠군요. 그것은 주인의 귀가 먹었기 때문이랍니다."

"자네 지금 뭐라고 했나. 그 사람들의 장사가 잘되는 것은 주인의 귀가 먹었기 때문이라고? 자네 머리가 좀 어떻게 된 게 아닌가?"

종업원이 뿌루퉁해져서 말했다.

"무슨 말씀이오. 크게 흑자를 내고 있는 것은 주인의 귀가 먹었기 때문이라고 제가 말씀드렸는데, 그 말을 믿지 않으신다면 곤란합니다."

"언제부터 주인의 귀가 나빠졌단 말인가?"

"정말로 귀가 먹었는지 아닌지는 저도 잘 모르겠습니다. 또 그것은 큰 문제가 되지도 않습니다. 장사라는 것은 어떤 효과가 있느냐가 중요한 것이지요."

"그렇다면 귀먹은 시늉을 하고 있단 말이군. 그것 참 재미있네. 자세히 좀 이야기해 주게."

종업원은 앞으로 다가앉으며 필요 이상으로 거드름을 피우며 말했다.

"그럼 들어 보시지요. 주인 아줌마는 깊숙이 있는 사무실에서 일을 하고 점포에는 주인 아저씨가 나와 있습니다. 손님이 들어와서 쇼윈도에 있는 이조백자가 얼마냐고 물으면 주인 아저씨는 사무실을 향하여, '쇼윈도에 있는 이조백자는 얼마지 ? '하고 소리를 지릅니다. 그러면 주인 아줌마가 '그 이조백자는 380만원이에요. '라고 대답을 하지요. 귀가 먹은 주인 아저씨는 손님이 얼굴을 친절한 표정으로 바라보면서 말한답니다. '들으셨지요. 180만원입니다. '그렇게 하면 손님이 사가기 마련이지요."

물고기가 잡히는 것은 낚시꾼이나 낚싯대 때문이 아니다. 낚시에 매달린 먹이 때문이다.

제3장

상황을 180도 전환시키는 화술

∴

✸

화술이 뛰어난 사람은
상대의 의향을 잘 헤아려서 말을 선택한다.
부단히 매력있는 자기 표현을 연습하라.
화제가 풍부해도 화법(話法)에 매력이 없으면
따분하고 시시한 인간으로
낙인 찍힌다.

■ 알아 두면 마음의 보석이 되는 이야기 ⑤

백일 정성

　고부간의 사이가 말할 수 없이 나빠 서로 원수처럼 으르렁거리는 집안이 있었다. 중간에서 이를 보다 못한 아들이 하루는 조용히 아내를 불러,

　"가정의 행복을 위해 우리 감쪽같은 방법으로 어머니를 죽입시다."

라고 말하며 하얀 가루를 내밀었다.

　"오늘부터 백일 동안 이 독약을 푼 물에, 하루에 계란 하나씩만 삶아서 어머니께 갖다 드리시오. 주의할 것은 '이것 먹고 죽어라.' 하고 드리면, 어머니도 눈치가 빤한 분이라 당신 속셈을 눈치채고 먹지 않을 것이오. 그러니 아주 정성스럽게 갖다 드려서 그 정성으로 당신 속마음을 감춰야 할 것이오."

　그렇지 않아도 시어머니 보기가 지긋지긋하여 이젠 말라

죽을 지경이 된 터라, 자나깨나 시어머니 없앨 궁리로 겨를이 없던 판에, 남편이 자기 마음을 쏘옥 알아서 가르쳐 준 방법이라는 것이 제법 그럴 듯다.

하루가 늦을세라 그날로 하루에 계란 하나씩을 삶아서 갖다 드리는데, 시어머니가 나쁘게 할수록 행여 속셈이 드러날까 염려되어 갖은 애를 써서 더욱 상냥하고 정성스럽게 하였다.

이렇게 정성드리기 99일째가 되던 날, 아내가 남편 앞에 와서 섧게 울며 말했다.

"그렇게 자상하고 인자한 분이신데, 내가 되지못하여 바로 모시지 못하고 돌아가시라고 독약 탄 물에 계란까지 삶아드려 내일이면 백일이라 돌아가시게 되었으니, 제가 죽일 년입니다. 이 일을 어찌하면 좋겠습니까? 어떻게 더 사시게 할 방법이 없겠습니까?"

남편은 빙그레 웃으며 이렇게 말했다.

"사실 독약이라고 했던 하얀 가루는 밀가루였소."

대화 중 누군가의 악평이 나올 때는 절대로 그 악평에 동조하여 함께 욕해서는 안된다. 화제를 바꾸거나 그 사람의 사소한 장점이라도 선택하여 "그래도 그 사람은 이런 좋은 점이 있습니다."하며 칭찬하는 것이 바람직하다.

이와 같은 애념(愛念)은 반드시 그 사람에게 전달되어 그 사람을 감격시키고 그 사람으로 하여금 훌륭한 사람이 되도록 하는 힘이 된다.

절묘한 변호술

어느 청년의 쇼맨십

성도 이름도 모르지만 잊혀지지 않는 사람이 있다.

필자가 어느 소도시를 여행하고 있을 때였다. 주택가 골목에서 고등학생으로 보이는 두 소년이 퍼득거리는 닭 한 마리씩을 손에 들고 경관 앞에서 잔뜩 질려 있었다. 그 곁에서 한 중년남자가 몹시 흥분하여 소년들의 죄과를 경관에게 말하고 있었다.

소년들이 그 중년남자의 양계장에서 닭을 훔쳤다는 것이었다. 오래 전부터 한 마리 두 마리 닭이 없어졌는데, 그들의 소행이 분명하다는 것이었다.

소년들은 온갖 소리를 들으면서도 꿀먹은 벙어리처럼 말을 못했다. 닭을 훔치다가 현장에서 붙잡혔으니 입이 열 개라도 변명할 여지가 없는 것 같았다.

"저런 싸가지없는 놈들은 유치장에 처넣어 단단히 고생을 시켜야 해!"

양계장 주인은 눈을 부라리며 거센 말을 했다.

이때 오토바이를 타고 지나가던 한 청년이 그 광경을 보았다. 청년은 활달하게 경관과 양계장 주인에게 인사를 하고 소년들을 아래위로 훑어보았다.

"요놈들은 내가 잘 아는데, 대체 무슨 일입니까?"

사태를 파악한 청년은 소년들에게 냅다 호통을 쳤다.

"천하에 나쁜 놈들 같으니라구! 이런 놈들은 당장……."

청년은 주먹을 불끈 쥐어 공중으로 치켜들고 한 소년의 멱살을 힘껏 잡았다. 곧 주먹을 날릴 기세였다.

"어야, 동생! 참게 참아."

경관이 당황하여 청년의 손을 잡았다.

"너희들, 잘했어 잘못했어?"

청년의 벼락치는 소리에 소년들은 울상을 지으며 기어들어가는 소리를 냈다.

"잘못했습니다."

청년은 소년들의 손에서 닭을 홱 빼앗아 양계장 주인에게 넘겨주었다. 그런 다음 또렷또렷하게 말했다.

"이놈들, 당장 김순경님과 아저씨에게 용서를 빌어. 아저씨와 김순경님의 마음씨가 너무도 좋은 사람들이라서 특별히 너희들을 용서해 주는 거야. 만약에 마음보가 고약한 순경과 아저씨를 만났으면 너희들은 당장 영창감이야."

소년들은 손을 싹싹 비비며 용서를 빌었다. 이때 청년이 다시 말했다.

"다음부터 이런 짓을 하면 용서 못해!"

"예."

"어서 집에 가서 공부나 열심히 해."

소년들은 재빨리 그 자리를 떴다. 양계장 주인도 경관도 소년들을 붙잡지 않았다.

필자는 그 청년의 쇼맨십을 잊을 수 없다. 절도범으로 꼼짝없이 경찰서에 끌려갈 지경에 처한 소년들을 간단하게 놓아준 것이다.

목숨을 살린 한마디의 말

이와 유사한 이야기가 《전국책(戰國策)》에 실려 있다.

진왕(秦王)이 어떤 문제를 놓고 중기(中期)라는 신하와 논쟁을 했다. 왕은 말로서는 도저히 중기를 당할 수가 없었다. 격렬한 논쟁 끝에 그만 손을 들었다.

무소불위의 힘을 가진 왕이었다. 만백성의 생살권(生殺權)을 한손에 거머쥐고 있는 왕이었다. 왕의 눈에 잘못 보이거나 비위에 거슬리면 죄없는 사람이라도 자신의 뜻대로 죽일 수 있는 특권을 가진 사람이 전제군주였다.

진왕의 표정은 좋지 않았다. 미간을 잔뜩 찌푸리고 지르퉁하고 있었다.

진왕의 그런 모습에 신하들은 숨을 죽였다. 그러나 논쟁으로 왕을 이긴 중기는 희희낙락하며 퇴궐했다.

이날 밤, 중기와 절친한 어떤 신하가 은근히 진왕을 설득했다.

·사람은 누구나 칭찬에 약하다.

"전하, 중기라는 자, 참으로 몹쓸 사람이옵니다. 전하와 같은 현군(賢君)을 만났기에 다행이지, 만약 옛날 하(夏)나라 걸왕(桀王)이나 은(殷)나라 주왕(紂王) 같은 폭군을 만났더라면 그 목숨이 붙어 있을 수 있었겠습니까."

진왕은 중기를 처벌하지 않았다.

참으로 절묘한 변호술이라 아니할 수 없다. 필자도 이 원리를 실생활에 활용하여 효과를 본 경험이 몇 번 있다.

사람은 칭찬에 약하다

언젠가 중학교에 다니는 조카가 잘못을 저질렀다. 자형의 분노는 대단했다. 불 같은 성질의 자형은 빗자루를 거꾸로 거머쥐고 붉으락푸르락 어찌할 바를 모르고 있었다.

"아니, 무슨 일로 그러세요?"

필자가 놀라며 묻자 누님은 조카가 야단을 맞는 이유를

말하면서 '단단히 버릇을 고쳐놓아야 한다'고 자형을 부추겼다.

자형이 매를 때리기 전에 필자가 선수를 쳤다.

"이놈, 그런 잘못을 저질렀으니 혼나도 싸다. 그래, 너 잘했냐 잘못했냐?"

"잘못했어요."

"앞으로 또 그런 잘못을 저지를래?"

"안 그러겠어요."

"네 아버지와 어머니가 이해심이 많아서 오늘은 용서해주는 거야. 알았어?"

"예."

"어서 네 방에 가서 반성하고 공부해!"

조카는 자기 부모님의 눈치를 살피며 머뭇거렸다.

"빨리 네 방으로 가지 못해!"

필자가 눈을 부라리며 호통을 치자 그제서야 꽁무니를 뺐다. 누님과 자형은 자기 방으로 가는 조카를 불러세우지 않았다.

사람은(어른이나 아이나를 가리지 않고) 칭찬에 약하다. '이해심이 많아서 용서하는 것이다', '마음씨가 좋아서 참는 것이다' 등의 말을 듣고도 계속 화를 내는 경우는 드문 것이다.

어떤 분쟁이 생겼을 때 독자들도 이 변호술을 활용해 보길 바란다. 틀림없이 좋은 효과를 얻을 것이다.

두루뭉수리 화법

시어머니의 말과 며느리의 말은 따로 있다

사람들 중에는 묘하게도 짓궂은 질문만을 골라서 하는 사람이 있다. 엉뚱하고도 어리석은 질문을 하는 사람도 있다. 감정을 살살 긁어 상대방의 부아를 돋우는 사람도 있다.

이때 화를 내거나 그 말 자체를 무시해 버리면 상황이 묘하게 꼬이는 수가 있다.

우문(愚問)에 대하여 현답(賢答)을 찾아낼 수 없다면 차라리 침묵하는 것이 가장 좋다. 그러나 어디 침묵하는 것이 말처럼 쉬운 일인가. 귀에 거슬리는 말을 들으면 당장 염라대왕을 만나더라도 한바탕 쏘아붙여야 속이 후련해지는 속성을 지닌 우리가 아닌가.

때와 장소, 질문하는 사람에 따라서 대응하는 말도 달라진다. 때로는 침묵으로, 때로는 해학과 풍자로, 경우에 따라서는 분연한 분노로 맞대응해야 할 필요성도 생긴다. 또

한 황희(黃喜) 정승의 두루뭉수리 화법이 적절할 때도 있다.

시어머니 말과 며느리의 말이 따로 있는 법이다. 시어머니의 말을 들으면 며느리 쪽이 나쁘고, 며느리의 말을 들으면 시어머니 쪽이 나쁜 법이다. 그래서 시어머니 말도 옳고 며느리의 말도 옳다는 것이 두루뭉수리 화법이다.

다음은 두루뭉수리 화법의 실례이다.

말 많은 세상에서 살기 위해서는

옛날 어느 곳에 세상을 호박 굴리듯이 둥글둥글 살아가는 노인이 있었다. 이 노인은 백수(白壽)를 살도록 누구와 크게 말다툼 한번 한 적이 없었다. 남의 말에 절대로 반박하지 않았기 때문이다.

마을의 젊은이들이 하루는 내기를 걸었다. 노인의 입에서 반박의 말을 나오게 하는 사람에게 술을 산다는 내기였다.

첫번째 젊은이가 노인을 찾아가서,

"영감님, 간밤에 남산이 무너졌대요."

하고 허풍을 떨었다.

노인은 눈썹 하나 까딱하지 않고 말했다.

"남산이 무너졌다구? 음, 그도 그럴거야. 수천년 동안 풍우에 시달리며 늙었으니 제 아무리 산이라고 한들 안 넘어갈 수가 있겠는가."

이 말을 듣고 두번째 젊은이가 반박을 했다.

"세상에 그럴 리가 있습니까? 아무리 풍우에 시달리며 늙었다고 해도 어떻게 산이 무너질 수가 있겠습니까?"

· 부질없는 말싸움에서 이긴들 무슨 이득이 있단 말인가!

"듣고 보니 자네 말도 옳네. 산이란 위가 좁고 밑이 넓을 뿐 아니라 단단한 바윗돌이 많이 박혀 있으니까 무너지지는 않겠네."

조금 있으니까 다른 젊은이 하나가 달려와서 말했다.

"영감님, 참으로 신기한 일도 다 있지요."

"무슨 일인데 그런가?"

"소가 쥐구멍으로 들어가는 것을 봤습니다. 세상에 그런 신기한 일도 다 있습니까?"

"신기할 것도 없네. 소란 놈은 본시 성질이 어리석고 미련한 놈이라서 비록 쥐구멍이라 하더라도 상관하지 않고 들어갈 수도 있지."

옆에서 또 한 사람의 젊은이가 나섰다.

"그럴 리가 있습니까. 소가 아무리 어리석고 미련한 놈이라고 하더라도 어떻게 그 좁은 쥐구멍으로 들어갑니까?"

"자네 말도 일리가 있겠네. 소란 놈은 뿔이 있는 짐승이니까, 들어가려도 쥐구멍에 뿔이 걸려서 못 들어갈거야."

이때 모여 있던 젊은이들이 일제히 노인을 공박했다.

"영감님의 말씀은 중심이 하나도 없어요. 이 말을 하면 이 말이 맞다 하고 저 말을 하면 저 말이 맞다 하니, 대체 어느 말이 맞다는 것입니까?"

노인은 껄껄 웃으며 입을 열었다.

"허허, 이 사람들……. 내가 이런 식으로 살아오지 않았다면 어떻게 이 말 많은 세상에서 이 나이까지 아무 탈 없이 살아왔겠는가? 그리고 부질없는 말싸움에서 이긴들 무슨 이득이 있는가. 세상을 둥글둥글 살아가는 것도 원만한 인생을 살아가는 방법이라네."

에픽테토스의 말

에픽테토스(Epictetos;그리스의 후기 스토아파 철학자)는 이렇게 말했다.

"다음과 같은 점을 잘 이해하고 항상 명심해 두라. 즉 사람은 누구나 항상 자기가 좋다고 생각하는 일을 행하는 것이다. 만일 실제로 그 일이 좋은 것이라면 그 사람은 옳은 것이다. 허나 만일 그 사람이 그릇되었다면, 그 일은 누구에게보다도 그 자신에게 나쁜 결과를 가져오고 만다. 왜냐하면 모든 그릇된 일 끝에는 반드시 고통이 따르기 때문이다. 이 점을 항상 명심하고 있다면 그대는 누구에게도 화를 내거나 짜증을 내지 않을 것이다. 또 누구를 비난하거나 꾸짖거나 하지도 않을 것이며, 누구와 사이가 벌어지지도 않을 것이다."

이 얼마나 의미심장한 말인가.

· 지혜로운 사람은 말할 때와
　침묵할 때를 안다.

재치있는 응수

눈이 달려 있어서 본다

시내버스 안에서 있었던 일이다.

"왜 자꾸 봐요?"

여자가 빽 소리를 질렀다. 승객들의 시선이 일제히 소리 나는 쪽으로 향했다.

행색이 방정해 보이지 않는 한 아가씨가 앞자리에 앉아 있는 중년남자에게 내지른 소리였다. 그녀는 배꼽이 훤히 드러나는 흰색 쫄쫄이 티셔츠와 초미니 스커트를 입고 버스의 맨 뒷좌석 중간에 앉아 있었다.

실로 아슬아슬한 모습이었다. 부끄러운 장소가 보일 듯 보일 듯했다. 그것 때문에 중년남자가 점잖지 못하게 자꾸만 시선을 돌렸던 것 같았다. 뭐가 보일까 봐 혹시나 하고.

승객들의 시선을 받은 중년남자의 얼굴은 홍당무처럼 변했다. 그와 동시에 배꼽이 보이는 아가씨의 기가 살았다.

"왜 자꾸 봐요, 왜?"

배꼽 아가씨가 할퀴듯이 힐난하자 귀밑까지 빨갛게 달아 오른 중년남자가 어눌하게 말했다.

"눈, 눈 달렸으니까 봤지 뭐."

승객들의 폭소가 터졌다. 필자도 터지는 웃음을 참을 수가 없었다.

그런 경우 대부분의 남자의 시선은 자꾸만 무엇인가를 확인하지 못하여 안달을 하게 된다. 웬만한 도덕군자가 아니고서는, 아니 어지간한 위선자가 아니고서는 그 보일 듯 말 듯한 것에 신경이 쓰여 자신도 모르게 시선을 던지게 된다.

버스에 타고 있던 남자 승객들의 고개가 자꾸 뒤를 돌아보았다. 이 사람도 돌아보고 저 사람도 돌아보았다. 젊은이도 보고 늙은이도 보았다. 확인해서 뭐 어쩌겠다는 것인지는 모르지만 눈이 달렸으니까 돌아보는 것 같았다.

상황은 묘하게 변했다. 중년남자의 점잖지 못한 행위를 꾸짖던 배꼽 보이는 아가씨는 고개 숙인 여자가 되었다가 버스가 정차하자 도망치듯 차에서 내렸다.

이런 이야기를 한다고 해서 필자가 중년남자를 두둔하는 것은 아니다. 훤히 배꼽을 드러내놓고 아슬아슬한 초미니를 입은 그 아가씨를 질책하고자 하는 것은 더더욱 아니다. 다만 그 중년남자의 말(엉겁결에 한 말일 수도 있지만)이 너무 재기가 넘치고 유머러스해서 일순간에 곤혹스런 상황을 역전시켰다는 점을 말하고 싶은 것이다.

누가 뭐라 해도 꽉 막혀 고지식한 사람보다 재치있는 사람이 시원스럽고 편하다. 사람을 덜 괴롭히고 덜 피곤하게 한다. 그때 그때의 사정과 형편을 보아 그에 알맞게 그 자리에서 처리하는 임기응변이 뛰어나기 때문에 불필요한 분쟁을 피하게 만들고, 능란하게 분위기를 주도한다.

재치있는 사람은 싸우지 않고도 상대를 제압한다. 크게 힘들이지 않고도 상대를 설득한다. 그러면서 사람들을 빙그레 웃게 만든다.

다음은 해학과 기지가 넘치는 삽화이다.

나는 하원으로 가겠습니다

링컨이 하원의원 선거에 입후보했을 때의 일이다.

그의 상대자 피터 카트라이트는 감리교의 유명한 부흥강사(復興講師)였다. 이곳 저곳에 초청되어 설교로 교회 부흥을 꾀하는 사람이니만큼 말을 가지고서는 둘째가라면 서러워할 사람이었다.

선거운동이 막바지에 이른 어느 날, 링컨은 우연한 기회에 카트라이트가 주도하는 어느 종교회의에 참석하게 되었다.

카트라이트는 명쾌하면서도 유창한 화술로 열변을 토해내며 청중을 사로잡고 열광시켰다. 설교 도중 그는 난데없이,

"새로운 삶을 영위하고, 충심으로 하나님을 사랑하며, 그렇게 함으로써 천국에 가기를 소망하시는 분은 모두 일어서십시오."

하고 부르짖었다.

몇 사람만이 자리에서 일어섰다. 엉뚱한 때에 밑도 끝도 없이 외쳤기 때문에 사람들이 그의 말을 제대로 알아듣지 못한 것이다.

카트라이트는 주먹으로 연탁을 치며 다시 소리쳤다.

"천국 가기를 원하는 사람이 이것밖에 없단 말입니까? 그렇다면 이번에는 지옥에 가고 싶지 않은 분들은 모두 일어나보십시오."

이 말이 끝나기가 무섭게 모두들 벌떡 일어섰다. 그런데 오직 한 사람만이 일어나지 않고 있었다. 바로 링컨이었다.

카트라이트는 링컨을 향해 상앗대질을 하며 소리쳤다.

"링컨씨! 실례의 말씀입니다만, 당신은 어디로 가실 작정입니까?"

링컨이 대답했다.

"나는 하원(下院)으로 가겠습니다."

순간, 강단이 떠나갈 듯한 폭소가 터졌다. 링컨은 그의 답변처럼 하원으로 갔다.

두 얼굴이 있다면 왜 하필이면 못생긴 얼굴로 나왔겠습니까

이번에는 링컨이 상원의원 선거에 입후보하여 더글라스와 라이벌이 되었을 때의 일이다.

어느 날 두 사람은 합동 선거강연을 하게 되었다. 더글라스가 먼저 연단에 올랐다.

더글라스는 열띤 목소리로 링컨을 신랄하게 깎아내렸다.

"……모 후보는 참으로 교활하고 부도덕한 인물입니다.

누구보다도 법을 잘 지켜야 할 사람임에도 불구하고 법을 어기고 자기의 주머니를 채웠던 것입니다. 술을 파는 것도, 술을 마시는 것도 일체 금지되었던 금주시대(禁酒時代)에 그는 스스로 경영하는 식료품점에서 암암리에, 또 공공연히 술을 팔곤 했던 것입니다…….”

후보자의 준법성과 도덕성을 일거에 땅에 떨어뜨리는 폭탄발언이었다. 높은 도덕성을 요구하는 정치인에게 치명적인 타격을 입히기에 충분했다.

그러나 링컨은 조금도 당황하지 않았다. 여유있게 연단에 올라가서 떳떳하게 말을 받았다.

“더글라스 후보가 말한 모 후보란 틀림없는 본인입니다. 그리고 그분이 지적한 것은 조금도 어김없는 사실 그대롭니다. 그러나 본인이 그 식료품점을 경영하던 당시의 가장 충실한 고객은 더글라스 후보였다는 사실을 밝혀둡니다. 또한 현재 본 후보는 그 장사를 걷어치웠음에도 불구하고 그분은 아직도 성실한 고객으로서 남아 있는 것입니다.”

통렬한 반박이었다. 술을 파는 것이 잘못이라면 그 술을 사 먹는 것도 당연히 잘못인 것이다.

더글라스는 벌겋게 얼굴이 달아올랐다. 그는 약빠르게 화제를 돌려 링컨을 인신공격했다. 두 얼굴을 가진 이중인격자라고 했다.

링컨은 차분한 음성으로 응수했다.

“더글라스 후보께서는 본 후보에게 두 얼굴을 가진 이중인격자라고 하셨습니다만, 여러분도 생각해 보십시오. 만일 본 후보가 또 하나의 얼굴을 가지고 있는 것이 틀림없다면,

두 얼굴이 있다면 왜 하필이면 이렇게 못생긴 얼굴로 나왔겠습니까?

· 사교의 명수는 모욕을 유머로,
부정을 긍정으로 바꾸어 버린다.

하필이면 오늘같이 중요한 날 내가 왜 이 못생긴 얼굴을 하고 나왔겠습니까?"

이 말에 사람들은 박장대소하였다. 링컨의 얼굴이 못생겼다는 것은 모두들 알고 있는 사실이었던 것이다.

링컨의 젊은 시절

데일 카네기가 쓴 《세상에 알려지지 않은 링컨》이란 책에는 링컨의 사람됨과 그 가정생활까지도 상세하게 기록되어 있다.

젊은 시절의 링컨은 몹시 다혈질(多血質)의 사나이였다. 욱하는 성미였기 때문에 자주 분쟁을 야기했다.

그가 인디애나주(洲)의 피존 크리크 발레라는 시골에서 살고 있던 때였다. 그 당시 링컨은 곧잘 남을 헐뜯었을 뿐만 아니라 상대를 비웃는 시(詩)와 편지를 써가지고 그것을 사람들의 눈에 잘 띄는 길에 떨어뜨려놓기도 잘했다. 남을 공격하기 위한 교활하고도 비열한 수법이었다.

그러한 편지 중의 한 통이 원인이 되어 평생토록 그를 원수로 생각한 사람마저 있을 정도였다.

그 후 일리노이주 스프링필드에 진출하여 변호사 개업을 했다. 이때도 그는 상대를 공격할 공개장을 신문에 싣거나 하다가 그것이 지나쳐서 끝내 혼쭐이 난 일이 있다. 결국 그 일이 링컨을 사려 깊은 사람으로 만드는 계기가 되었다.

1842년 가을, 링컨은 제임스 시루즈라고 하는 싸움질 잘하는 아일랜드 태생의 정치가를 공격한 일이 있었다. 스프링필드 신문에 익명의 신랄한 풍자문을 써보낸 것이다. 이 풍자문이 신문에 실리자 온 시내가 웃음바다가 되었다.

감정적이고 자존심 강한 시루즈는 불처럼 화가 났다. 투서의 주인공이 누구인 것을 알아낸 그는 즉시 말을 달렸다.

"도저히 용서할 수 없다. 나와라, 결단을 내자!"

시루즈는 거센 소리로 링컨에게 결투를 신청했다.

"싫다!"

링컨은 일언지하에 거절했다. 야만적인 결투는 사양하겠다는 것이었다.

"비열한 ××! 쥐새끼처럼 약삭빠르고 능구렁이처럼 교활한 놈……."

시루즈는 온갖 험한 말로 링컨의 감정을 자극했다. 그 말에 링컨은 가시에 찔린 사람처럼 흥분했다.

"입 닥치지 못해! 함부로 나불거리는 네놈의 주둥아리를 다물게 해주겠다!"

이렇게 하여 결투가 이뤄지게 되었다. 무기의 선택은 링컨에게 맡겨졌다. 링컨은 생각 끝에 칼을 선택했다. 자신의 팔이 길기 때문이었다.

결투무기로 칼을 선택한 링컨은 검술에 능한 친구에게 칼 쓰는 법을 배우고 익혔다.

마침내 약속한 날이 되었다. 두 사람은 미시시피강의 모래사장에서 마주 섰다. 두 사람의 눈에서는 살기가 감돌았다. 온 명예와 생사가 걸린 결투였다.

"칼을 뽑아라！"

시루즈가 비장한 목소리로 소리쳤다. 링컨은 칼자루를 쥔 손에 힘을 주고 서서히 칼을 뽑았다. 막 결투가 시작될 순간이었다.

바로 이때 쌍방의 후견인이 나서서 가까스로 이 결투는 중지되었다.

이 사건으로 대범한 링컨도 간담이 서늘했다. 그러나 덕분에 그는 사람을 대하는 데 있어서 더할 나위 없는 교훈을 얻었다. 두 번 다시 남을 비방하는 편지를 쓰지 않게 되었다. 남을 비방하지도 않았다. 부질없이 남의 감정을 건드리는 행위도 하지 않았다.

링컨은 상대방이 어떤 비난을 하더라도 즉시 감정적인 맞대응을 하지 않았다는 것으로 유명하다. 꼭 대응해야 할 경우에는 풍자적인 유머로 받아넘겼다. 그의 재치있는 대응은 어떤 말보다 큰 효과를 가져오게 했다.

링컨은 언젠가 동료와 언쟁을 일삼는 한 청년장교를 이렇게 나무란 일이 있었다.

"자기의 향상을 바라는 자는 싸움 따위를 할 시간이 없다.

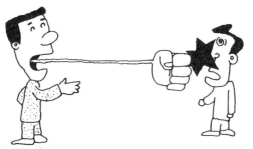

· 세상에는 금도 있고 진주도 많지만 지혜로운 입술이
더욱 귀한 보배다.

더구나 싸움의 결과 기분이 언짢아지거나 자제심을 잃게 되
는 것을 생각하면 더욱 싸움질은 할 수 없다. 이쪽에 반쯤의
정의밖에 없을 때는 아무리 중요한 일일지라도 상대에게 양
보하라. 이쪽이 열 가지가 다 옳았다고 생각되는 경우라도
조그만 일이면 양보하는 것이 좋다. 좁은 길에서 개를 만나
면, 권리를 주장하다가 물리기보다는 개에게 길을 내주는
것이 현명하다. 설령 그 개를 죽일 수 있다 해도 한번 깨물
린 상처는 낫기가 어렵다.

세일즈 명수의 화법

논쟁에 강한 사람은 상품을 팔지 못한다

필자가 알고 지내는 자동차 세일즈맨 K씨가 있다. 연간 평균 500여 대의 자동차를 판매하는 세일즈의 귀재이다.

K씨가 처음부터 세일즈를 잘했던 것은 아니다. 입사하여 석 달 동안 단 한 대의 판매실적도 올리지 못했다. 그런데 '사람을 움직이는 비법'을 깨닫고부터 그의 세일즈는 승승장구했다.

K씨의 세일즈 비법을 여기에 살짝 공개한다.

K씨는 어렸을 때부터 말을 잘했다. 누구와 논쟁(論爭)을 해서 한번도 져본 적이 없었다.

그 재능을 살려 K씨는 대학 졸업 후 주저하지 않고 세일즈의 세계에 뛰어들었다. 인물도 준수했고 두뇌 또한 샤프했다. 그리고 말로 승부를 내는 일이라면 누구보다 자신이

· 논쟁에 강한 사람은 상품을 팔지 못한다.

있었다.

　K씨는 열심히 고객들을 찾아다녔다. 그러나 세일의 속성상 '필연적'이라 하리만큼 논쟁의 소지가 많다.

　대부분의 사람들은 세일즈맨을 환영하지 않는다. 귀찮게 생각한다. 자기의 주머니에서 금싸라기 같은 돈을 우려내기 위해 찾아온 불청객이라고 생각하기 때문에 방어적인 심리를 가지게 된다.

　'당신을 좀 설득해야겠어.'

　세일즈맨은 온갖 말로 잠정고객의 방어벽을 허물어뜨리기 위해 노력한다. 상품의 좋은 점 홍보에 열을 올린다.

　'천만에 누구 맘대로…….'

　그러나 고객들은 호락호락하지 않다. 한사코 설득당하지 않으려고 마음을 다잡는다. 타사의 동일상품과 비교하여 꼬투리를 잡기도 하고, 전문지식이 없어 엉뚱한 말을 하기도 한다. 대부분의 논쟁은 이럴 때 생긴다.

　"그것은 선생님께서 잘못 알고 계십니다."

　K씨는 상대방의 그릇된 생각을 바꾸려고 전문지식을 무기

로 열심히 설득을 했다. 그리고 끝내는 상대방을 멋지게 굴복시켰다. 논쟁에서만큼은 백전백승이었다.

'어때, 한 방 먹었지?'

고객과의 논쟁에서 이긴 K씨는 의기양양하게 그 고객의 방문을 나서곤 했다. 그런데 이상했다. 분명히 논쟁에서는 이겼는데 계약은 한 건도 성사시키지 못했던 것이다.

세일즈맨은 실적으로 말한다. 오직 실적으로 개개인의 능력평가를 받고, 실적에 따른 보수를 받는 것이다.

몇 달 동안 실적이 전무하리만큼 저조한 K씨는 세일즈맨으로서의 최대위기를 맞았다. 회사에서 해고당할 처지에 놓인 것이다.

논쟁에서 이기지 말라

그제서야 K씨는 가장 실적이 좋은 선배 세일즈맨에게 매달렸다. P씨는 특별한 데라곤 없는 사람이었다. 외모도 그저 그랬고 화술도 유창하지 못했다. 어눌한 말씨는 세일즈맨으로서는 부적합하다고 생각되는 인물이었다.

그럼에도 불구하고 P씨의 실적은 항상 최고였다. 별로 노력도 하지 않는 것 같은데 실적면에서는 다른 세일즈맨들을 압도했다.

"어떡해야 잘할 수 있습니까?"

P씨의 대답은 간단했다.

"논쟁에서 이기지 마시오."

그 후 K씨는 고객과의 논쟁에서 졌다. 승리를 고객에게 양보했다. 그렇게 하고부터는 마치 거짓말처럼 계약이 조금씩 성사되기 시작했다.

지금 K씨는 그 계통에서 둘째가라면 서럽다고 할 베테랑이다. 그리고 그는 지금도 논쟁을 즐기며, 그것을 세일즈 비법으로 활용하고 있다. 이기기 위한 논쟁이 아니라 고객에게 승리를 양보하기 위한 논쟁으로 승부를 걸고 있는 것이다.

K씨가 처음 필자를 방문했을 때가 생각난다. 잡지사의 청탁원고를 쓰느라 골머리를 썩이고 있을 때 그가 찾아왔다.

"아, 원고를 쓰고 계시군요. 바쁘신 것 같은데 실례했습니다. ×× 자동차에서 나왔습니다."

그는 무척 미안하다는 표정을 지으며 이내 돌아갔다. 명함 한 장 남기지 않고.

며칠 후에도 그는 원고를 쓰고 있을 때 찾아왔다.

"오늘도 바쁘시군요. 실례했습니다."

그는 잠시도 지체하지 않고 돌아갔다. 그가 돌아간 후에 보니 책상 한 귀퉁이에 명함 한 장이 놓여 있었다.

그가 세번째로 필자를 방문했다. 무더운 여름날의 금요일

· 세일즈 명수는 논쟁의 승리를 고객에게 양보한다.

오후였다. 그날도 필자는 원고를 쓰고 있었다.

"항상 바쁘시군요. 그럼……."

그는 인사를 하고 산뜻하게 발걸음을 돌렸다. 그러나 문을 열려다 말고 깜빡 잊었다는 표정을 지으며 입을 열었다.

"참, 선생님께선 주로 어떤 글을 쓰십니까?"

"소설가입니다."

"아아, 역시 그렇군요! 선생님을 처음 뵙던 순간 그렇게 생각했었습니다."

"그래요?"

"예, 소설을 쓰시는 분이시라 누구보다도 잘 아시겠지만, 사람에 따라 풍기는 이미지가 있잖습니까?"

그와의 대화는 이렇게 시작되었다.

그는 자기가 소설을 쓰는 사람을 만났다는 사실에 짜장 신기하다는 표정을 지으며 강한 흥미를 나타냈다. 이것저것을 물었다.

대화는 그가 묻고 필자가 대답하는 형식이었다.

"아하, 그렇군요! 전 지금에서야 알았습니다. 그 부분을 좀더 상세하게 듣고 싶군요."

그의 관심이 컸기에 필자는 자연히 말을 많이 했다. 필자가 알고 있는 지식을 들려주는 일이었다. 때문에 이야기를 하면서 약간 우쭐한 기분을 느꼈다.

타사의 상품을 비판하지 말라

이런저런 이야기 끝에 화제는 자연스럽게 자동차에 관한

· 사람을 움직이려면 그를 아주 **특별한**
  인물인 것처럼 대우하라.

것으로 넘어갔다.

필자가 평소에 관심을 가지고 있던 자동차는 타 회사의 상품이었다.

"×××는 어때요?"

"좋은 찹니다."

K씨는 그 자동차의 좋은 점을 설명하였다.

"××××는 어떻습니까?"

"제가 보기에는 그 차도 괜찮습니다."

그는 단 한마디도 타 회사의 제품을 깎아내리지 않았다. 그리고 자기 상품에 대한 과대선전도 하지 않았다. 다만 가격대가 비슷한 제품의 경제성, 안정성, 실용성 등에 관한 정보를 제공했다.

"×××는 안정성 면에서는 ××보다 낫다고 할 수 있지만 경제성 면에서는 뒤집니다."

필자는 K씨로 인하여 자동차 선택의 폭을 넓힐 수 있었다. 안정성을 원한다면 이런 차가 좋고, 경제성을 중시한다면 저런 차가, 또 실용성을 따진다면 다른 차가 좋다는 것을 알게 되었다.

"선택은 선생님께서 하실 일입니다."

그는 끝까지 자기의 제품을 권하지 않았다. 그럼에도 불구하고 필자는 평소에 관심을 가지고 있던 생각을 변경하고 K씨의 고객이 되었다.

사람을 움직이는 비법

필자는 K씨의 세일즈 자세를 높이 평가한다. 높이 평가하는 세 가지의 이유를 들자면 다음과 같다.

첫째, 상대방의 심리파악에 민감했다.

인간은 집요한 비평가이다. 사람을 움직인다는 것은 아스피린을 먹듯 아무것도 아닌 경우도 있으나, 때에 따라서는 뇌수술을 하는 것만큼 어려운 경우도 있다. 그렇기 때문에 사람들의 마음을 움직이려면 대예술가나 대과학자의 수완만큼이나 특출한 능력이 필요한 것이다.

인간의 마음은 쉽게 헤아릴 수 없다. 무심코 내뱉은 한마디, 사소한 행동 한 가지에 감정이 상하거나 기뻐한다. 마음이 넓을 때는 두둥실 배를 띄울 만큼 넓다가도 좁을 때는 바늘 하나 꽂을 수 없을 만큼 좁다.

흔한 실례를 들어보자. 아이들은 용돈을 탈 때 부모님의 눈치를 살핀다. 부모님의 기분이 좋을 때는 쉽게 용돈을 타낼 수 있지만, 기분이 상했을 때는 야단을 맞거나 추궁을 당한다.

일이 잘못되었을 때도 그렇다. 같은 잘못을 놓고도 어떤 경우에는 호된 질책을 받지만 어떤 경우에는 오히려 위로받기도 한다. 이러한 경우를 실례로 들자면 얼마든지 들 수 있을 것이다.

어째서 이런 이율배반적인 문제들이 생겨나는 것일까? 그것은 인간의 마음이 불변하는 것이 아니라는 점에서 찾을 수 있다. 우리의 마음은 하루에도 몇 번씩 변한다. 기쁠 때가 있고 슬플 때가 있다. 침착할 때가 있고 안절부절못할 때가 있다. 이성적일 때가 있고 감정적일 때가 있다.

그렇기 때문에 세일즈의 명수들은 상대방의 심리상태를 살피는 데 남다른 안목을 가지고 있다. 상대방의 마음이 편치 않을 때는 결코 자기주장이나 설득을 하지 않는다. 상대방이 바쁠 때는 말없이 자리를 피해 준다. 이 말은 상대방의 심리상태나 사정에 대한 배려를 해준다는 말이다.

상대방의 사정을 고려하지 않고 '파는 일'에만 급급하는 것은 미숙한 세일즈맨이다. 이런 사람들은 자기주장만을 내세우며 상대가 자신의 로봇이 되어주기를 원한다.

이것을 다른 말로 표현하면 '조종'이다. 조종의 결과는 반드시 우리들이 바라는 대로 된다고는 단언할 수 없다. 사람들은 때에 따라서는 자기가 '다루어지고 있다'는 것을 느끼게 되면 화를 낸다. 사람들은 누구나 타인에 의해 다루어지는 것을 좋아하지 않기 때문이다.

필자가 K씨에게 좋은 인상을 받았던 것은, 바쁘다는 것을 알고 즉시 방을 나갔다는 점이다.

둘째, 상대방을 스스로 중요하다고 느끼게 만들었다.

K씨는 이야기를 풀어가기 위하여 먼저 필자의 직업에 흥미를 보였다.

"제가 가장 존경하는 사람이 작가입니다."

(솔직히 말하여) 그가 이런 말을 했을 때 필자의 기분은 좋았다.

"저는 편지 한 장을 쓰는 데도 애를 먹습니다. 그런데 엄청난 분량의 원고를 쓰시는 작가들을 보면 그저 고개가 숙여집니다. 지식도 많아야 하겠지만, 경험도 풍부해야 하겠지요?"

"그렇다고 할 수 있지요."

"경험은 어떻게 얻습니까? 아무래도 여행을 많이 하시지요?"

K씨는 상대방에게 말을 시키는 기술이 능란했다. 질문을 하였을 때 상대방이 흥미를 나타내고 반응한다면,

"아하, 참 재미있군요. 더 상세하게 이야기해 줄 수 없겠습니까?"

하고 말을 시켰다.

무엇인가를 말하고 싶은 것이 인간 본연의 충동이다. 그리고 사람은 누구나를 막론하고 '이것만은 자신있다'고 하는 분야가 있다. 그 자신하는 것이 직업적인 경우도 있고, 또 취미일 수도 있다.

야구광에게 야구에 관한 질문을 하면 신이 나서 떠든다. 전문가에게 전문적인 분야에 관한 질문을 하면 대체로 기쁘게 답변을 해준다.

말을 시킨 사람은 이때 적당히 추임새를 넣는다. '아하,

그렇군요', '그래서요?', '이해가 갑니다', '참 재미있군요' 등의 추임새를 넣음으로써 말하는 사람의 흥을 돋우게 하는 것이다.

K씨는 필자를 아주 특별한 인물로 대우했고, 필자가 기쁘게 이야기해 줄 수 있는 질문을 쏙쏙 골라 하면서 사이사이 추임새를 넣었던 것이다.

필자의 말에 K씨가 관심과 흥미를 보였기 때문에 필자의 마음이 한껏 우쭐해졌던 것이다.

셋째, 신뢰감을 주었다.

사람들은 남을 비방하는 사람을 좋아하지 않는다. 어느 순간 마음이 통하여 그와 재미있게 남을 비방하다가도 돌아서 어떻게 생각하면 뒤가 찜찜하다. 다른 사람의 비방을 나에게 했던 것처럼 나에 대한 비방을 다른 사람에게 할 수 있는 개연성이 크기 때문이다.

흔히 세일즈맨들은 자기 제품의 좋은 점을 말하는 데 열을 올린다. 그러다 보면 자신도 모르게(더러는 의도적으로) 경쟁 타사의 동일한 제품을 깎아내리게 된다. 남을 깎아내리면 내가 한층 돋보일 것이라는 생각에서 그렇게들 비방에 열을 올리는 것이다.

그러나 결과는 그 반대의 상황으로 나타나게 되는 경우가 많다. 왜냐하면 비방하는 사람에게는 신뢰감이 결여되기 때문이다.

K씨는 경쟁사 제품을 깎아내리지 않았다. 오히려 칭찬했다. 바로 그런 점이 필자에게 믿을 수 있는 사람이라는 신뢰감을 준 것이다.

상황을 180도 전환시키는 화술

현명한 질책

오래 전 어느 잡지에서 읽었던 글이 생각난다. 〈좋은 말을 씁시다〉라는 제목의 독자 수필이었는데, 그 내용은 대략 이러하다.

그녀는 학교에 다닐 때 지지리도 공부를 못했다. 항상 꼴찌 부근에서 성적이 맴돌았다.

마침내 그녀가 시험에 꼴찌를 했을 때 담임은 이런 말을 했다.

"나는 너같이 얼굴 고운 놈도 처음 보지만, 너처럼 공부 못하는 놈도 처음 본다."

환갑의 나이를 훨씬 넘긴 그녀는 그 말을 50여 년이 넘도록 잊지 못하고 있다고 했다. 그리고 그 말을 들었을 때 이상하게도 기분이 나쁘지 않았고, 공부에 열중하게 되었다고 했다.

그녀는 다음과 같은 말로 글을 마무리했다.

"똑같은 옹달샘도 뱀이 마시면 독이 되고, 소가 마시면 젖이 된다고 누군가가 말했다. 우리의 말도 그런 것이 아닐까? 같은 내용의 말을 하면서도 어떤 사람은 상대방의 감정을 상하게 만들고, 또 어떤 사람은 듣는 사람의 마음을 흔들어놓는다. 선생님은 학생들이 분명히 듣기 싫어할 말을 듣기 좋은 말로 바꾸어서 하는 기술이 특출한 분이셨다. 험한 말들이 유행처럼 난무하고, 그 말들만큼이나 행동들이 살벌한 세상이다. 이런 세상이라서 이토록 그 선생님이 그리워지는 것일까……."

필자는 그 글을 읽고 여성심리의 일면을 보았고, 한 깨달음을 얻었다. 여자를 충고할 때나 질책할 때는 먼저 외모를 칭찬하고 슬쩍 본론으로 들어가라는 것을.

"××씨 같은 미인은 실수해도 당당할 권리가 있나요?"

꾸짖지 말고, 좋은 인상 찌푸리지 말고 이렇게 말하라. 실수한 여성은 반감을 갖지 않고 실수를 바로잡을 것이다.

"얼굴은 참으로 고운데 껌을 소리내어 씹으시는군요!"

여성이 딱딱 소리내어 껌을 씹을 때 나직한 소리로 이렇게 속삭이라. 껌소리는 당장 그칠 것이다.

명군이 될 것인가 암군이 될 것인가?

고상한 표현은 못되지만, 불알을 살살 긁어주었다가 충고하는 화술은 몸에 익혀둘 가치가 있는 기술이다.

다음은 중국 진(秦)나라의 여불위(呂不韋)가 빈객(賓客)을 모아 지었다고 전해지는 《여씨 춘추(呂氏春秋)》에 나오는 이야기이다.

위(魏)나라의 문황제가 하루는 많은 신하들과 어우러져 술을 마셨다. 권커니 잣거니 하다 보니 황제와 신하들은 모두 얼큰하게 취했다.

"경들은 기탄없이 과인을 비평해 보라."

황제의 이 말에 신하들은 앞을 다투어 명군(名君)이라며 아첨했다.

"흠흠……."

문황제는 점점 기가 올라서 우쭐댔다.

그때 임좌(任座)라는 신하가 이렇게 말했다.

"폐하, 폐하께서는 정실에 치우친 인사를 하신 적이 있습니다. 중산(中山)의 유수(留守)를 정하실 적의 일입니다. 다들 공적이 뛰어난 동생분이 가셔야 한다고 생각했는데, 폐하께서는 아드님을 보내셨습니다. 그처럼 사정(私情)에 치우치시는 정치를 하시면 아니되옵니다."

듣고 있던 문황제의 얼굴이 차츰 일그러졌다.

황제의 노한 얼굴을 본 임좌는 잠자코 일어서서 머리를 굽히고 나가버렸다.

신하들은 놀란 표정으로 황제의 안색을 살폈다. 황제의 얼굴은 곧 분노가 폭발할 것처럼 붉으락푸르락하고 있었다.

이때 적황이 말했다.

"폐하, 폐하께서는 지금 명군(名君)이신지 아니면 암군(暗君)이신지 시험당하고 계시옵니다. 옛말에 '윗사람이 현명하면 그 부하는 직언을 한다'고 하였습니다. 그 말처럼 임좌는 지금 직언을 하였습니다. 폐하께서는 어찌하시렵니까?"

문황제의 찌푸린 표정이 순식간에 표변했다. 눈가에 잔잔한 미소를 띠며 입을 열었다.

"임좌를 어서 불러주오. 그에게 상을 내려야겠소."

기지에 넘치는 화술은 이처럼 놀라운 힘을 발휘한다. 사람의 마음을 꼼짝 못하게 사로잡고, 상황을 180도 전환시키는 기적을 만들어내는 것이다.

그리고 상대에게 은혜를 베풀어두면 혀끝의 독도 감사로 바뀌는 법이다.

당신에게 참다운 친구가 있나

현대 철학의 태두(泰斗) 존 매클데이가 제출하는 25개의 질문을 가지고 '나에게 과연 진실한 친구가 있는 것일까?'를 깊이 생각해 보자.

당신에게

① 한푼도 없이 경찰에 억류되어 있을 때 즉석에서 몇 십 만원을 내주고 도와주러 올 친구가 있나?

② 결혼 이외의 연애 문제에 대하여 안심하고 상담할 친구가 있나?

③ 인생의 모든 문제에 대하여 즐겁게 의논할 수 있는 친구가 있나?

④ 혹 당신의 친구가 100억원의 재산을 모았다 해도 전과 다름없이 교제할 친구가 있나?

⑤ 언제나 부담없이 가서 저녁밥을 먹을 친구가 있나?

⑥ 당신이 어떠한 충고를 해도 결코 기분을 상하지 않을 친구가 있나?

⑦ 10일 정도 당신의 아기를 기쁘게 맡아줄 친구가 있나?

⑧ 아무리 훌륭한 사람에게라도 조금도 부끄러워하지 않고 소개할 친구가 있나?

⑨ 당신의 비밀을 절대로 지켜줄 친구가 있나?

⑩ 당신이 무슨 짓을 하더라도 흉보거나 경멸하지 않을 친구가 있나?

⑪ 별다른 이야기를 하지 않더라도 그저 같이 있는 것만으로 즐겁게 생각하는 친구가 있나?

⑫ 상사와 의논을 하고 있을 때 완전히 당신 편이 되어주는 친구가 있나?

⑬ 상호간에 아무리 쓰라린 고생을 할 때라도 진실을 밝혀줄 친구가 있나?

⑭ 당신이 곤궁해졌을 때 구원을 요청하기 전에 도와줄 친구가 있나?

⑮ 빌려준 돈을, 당신의 일이 잘못되어, 돌려주었으면 하고 생각할 때 바로 돌려주는 친구가 있나?

⑯ 당신이 남과 이야기를 할 때 한편이 되어 뜻을 함께 해줄 친구가 있나?

⑰ 2년 정도 소식이 없다가 어느 날 돌연히 찾아가도 크게 환영해줄 친구가 있나?

⑱ 가족에게도 할 수 없는 상담을 해줄 친구가 있나?

⑲ 당신이 큰병에 걸렸다. 그러나 돈이 없다. 자기 집을 팔아서라도 도와줄 친구가 있나?

⑳ 당신의 집에 불이 났다. 당신은 2층에서 소사(燒死)하게 되었다. 이때 죽음을 무릅쓰고 도와줄 친구가 있나?

㉑ 당신이 모든 것을 잃고 오욕의 생활을 할 때도 종전과 같이 만나줄 친구가 있나?

㉒ 한밤중 기분좋게 자고 있을 때 소리를 지르며 깨워도 노하지 않고 일어날 친구가 있나?

㉓ 파티에서 당신이 취하고 말았다고 하자. 그때 파티의 즐거움을 희생시키고 당신을 집까지 데려다 줄 친구가 있나?

㉔ 당신의 친구가 좋은 일을 했는데, 당신이 한 것처럼 표정을 지어도 묵묵히 있어줄 만한 친구가 있나?

㉕ 이상의 질문을 전부 뒤집어서 당신이 그런 일을 할 수 있겠나 생각해 보라.

성실한 친구는 안전한 피난처요, 그런 친구를 가진 것은 보화를 지닌 것과 같다.

제4장

꿀을 바른 말, 가시가 돋친 말

＊

가시가 몸을 찌르듯이
신랄한 말은 자신과 상대방을 다치게 한다.
먼저 생각하라. 그 다음에 말하라.
그리고 사람들이 싫증내기 전에 그치라.
인간은 말을 함으로써 동물보다 훌륭한 것이다.
그러나 만약 그 말에 이익되는 점이 없다면
동물보다 못한 것이다.

■ 알아 두면 마음의 보석이 되는 이야기 ⑦

멋진 청년

술에 취한 험상궂은 한 청년이 전철 안으로 들어왔다. 술 냄새를 풀풀 풍기며 비틀거리자 주위의 승객들은 모두 그를 피했다. 술 취한 청년은 그것이 못마땅한지 한동안 큰소리로 욕지거리를 해대더니 급기야는 여대생인 듯한 아가씨에게 다가가 추근덕거리기 시작했다.

차내는 비교적 많은 사람이 있었다. 그러나 모두들 못 본 척 슬그머니 눈을 감거나, 신문을 펼치거나 하며 딴전을 부리고만 있었다. 괜히 나섰다가 험상궂은 청년에게 봉변이라도 당하면 어쩌나 싶은 모양이었다.

다음 역까지는 20~30초쯤 남았을 때였다. 저만치 떨어진 곳에 서 있던 어떤 말쑥한 청년이 술 취한 청년 쪽으로 다가서며 반갑게 말했다.

"야, 너 정말 오랜만이구나, 나 몰라?"

　술 취한 청년은 고개를 돌려 자기에게 말하는 청년을 보았지만, 선뜻 기억이 안 나는 모양으로 어리둥절한 표정을 지었다.

　"나, 모르겠나? 완전히 잊어버린 모양이구나."

　그 말에 술 취한 청년은,

　"뭐야, 당신은?"

하면서도 열심히 기억을 더듬는 표정이었다.

　"지금 어디 사는가? 난 다음에 내려야 하는데 자넨 어디까지 가나?"

　"얼마 안 남았어."

　"야, 이거 정말 오래간만인데 우리 다음 역에 내려서 회포라도 풀자. 괜찮지?"

　"……."

　얼마 후 전철이 정차했다. 그러자 말쑥한 청년이 술 취한 청년에게,

　"자, 내리자."

하고 말한 후에 아가씨를 보고,

　"아참! 아가씨, 미안."

하며 술 취한 청년이 모르게 한쪽 눈을 살짝 감았다.

　"자, 빨리 내려. 문 닫히겠다."

　말쑥한 청년은 술 취한 청년의 등을 밀다시피하여 밖으로 나갔다. 승객들이 한시름 놓고 마음이 진정되었을 무렵, 그러니까 전철문이 닫히기 바로 직전에 말쑥한 청년은,

　"아참, 저기 내 가방!"

하고 소리치며 전철 안으로 재빨리 들어섰다. 그 순간 출입

문이 완전히 닫히고 전철이 출발했다.

　역에 남겨진 술 취한 청년은 처음 "야!" 하고 불릴 때부터 그때까지 당한 것을 눈치채지 못하고 멀어져 가는 전철만을 하염없이 바라보고 있었다.

　백전백승은 최선이 아니다. 싸우지 않고 이기는 것이 최선이다.

〈손자〉

제4장

무엇이 첫인상을 결정하는가

오랫동안 기억에 남는 첫인상

싫든 좋든 우리는 하루에도 많은 사람들과 만난다. 그중에는 마음을 흐뭇하게 하는 사람도 있고, 다시는 만나고 싶지 않다는 느낌을 주는 사람도 있다.

첫인상은 오랫동안 기억에 남는다. 처음 만났을 때 어떤 인상을 주느냐에 따라서 그 사람을 평가하는 것이 달라진다. 첫인상이 그 사람의 모든 것을 말하는 것이 아닌데도 대부분의 사람들은 그렇게 생각하는 것이다.

첫인상을 결정짓게 하는 것은 용모와 차림새, 말과 행동이다. 이중에서도 후자 쪽이 더 첫인상을 결정짓는 데 영향을 미친다.

"얼굴은 반반한데 말하는 것이 좀……."

"생기기는 그렇게 생겼어도 생각하는 것은……."

용모와 함께 그 사람의 성품을 주관적으로 결정지어버리

는 것이다.

사람의 성품에 따라서 사람을 평가하는 관점도 다르다. '남을 평가하는 기준'이 다르다는 과학적 증거가 많이 있다.

말 한마디로 변하는 첫인상

크고 작은 사업을 하는 경험있는 고용주가 면접에서 응모자를 평가하는 능력에 대해서 많은 연구가 행해졌다. 그 연구들은 모두 같은 결과로 나와 있다. 그것은 공통점이 없다고 하는 것이다.

고용자 A에 의해 가장 좋다고 평가되었던 사람이 고용자 B에게는 가장 나쁘다고 평가되는 경우가 있다.

언젠가 필자는 H출판사에 들르게 되었다. 마침 경리사원을 면접하고 있었다.

세 명의 아가씨가 면접에 응했는데(확실히는 알 수 없지만), 구경하는 필자의 눈에 저마다 장단점이 드러났다.

첫번째 아가씨는 쭉 빠진 몸매에 탄탄한 미모를 소유하고 있었다. 쌍꺼풀이 진 커다란 눈은 맑고 총명했다. 옷맵시도 무척 세련되어 있었고 태도도 자신있어 보였다. 그 미모처럼이나 콧대가 높을 것처럼 보였다.

두번째는 적당히 살이 찐 아가씨였다. 평범하면서도 수더분하게 보였다.

세번째 아가씨는 왜소한 체구에 피부가 가무잡잡했다. 결코 미인이라고 말할 수는 없지만, 얼굴 구석구석에 귀염성

· 첫인상을 결정 짓게 하는 것은 그 용모와 언행이다.

은 있었다.

필자는 첫번째 아가씨가 제일 낫다고 생각하고 있었다.

사장은 이것저것 여러 가지 질문을 했다.

첫번째 아가씨의 목소리는(무척 콧대가 높을 것이라는 필자의 생각과는 상이하게) 나긋나긋했다. 대답도 막힘이 없었다.

두번째 아가씨의 목소리는 오물오물 기어들어갔다. 사장이 몇 번이나 "좀 크게 말해요."라고 할 정도로 목소리가 작았다.

세번째 아가씨는 어조가 빨랐다. 그리고 수다스럽다고 느낄 정도로 말을 많이 했다.

"아버님은 뭘 하시는 분입니까?"

사장이 이렇게 물었을 때 그녀는 조금도 주저하지 않고 대답했다.

"노동을 하십니다. 시골에서 농사를 짓다가 올라오셨는데, 서울에서 특별히 하실 일이 있겠습니까?"

필자는 이 대답을 듣고 그녀를 달리 보았다. 마음이 무척 건강한 아가씨라고 생각했다(사실 노동하는 아버지의 직업을 정직하게 말하는 것은 쉽지 않다). 그녀가 고맙게 느껴지기까지 했고, 자식을 그렇게 교육시킨 그녀의 부모가 존경스러웠다.

그녀들이 면접을 끝내고 돌아간 후에 사장이 의견을 물었다. 영업부장과 편집부장은 첫번째 아가씨가 낫겠다고 했다. 그런데 사장은 두번째 아가씨에게 마음을 두고 있는 것 같았다.

"어떻게 보셨습니까?"

사장이 물었을 때 필자는 자신있게 세번째 아가씨를 옹호했다.

"제가 고용주라면 기꺼이 마지막 아가씨를 택하겠습니다. 그 이유로는……."

필자는 세 가지 이유를 들었다.

첫째, 귀염성이 있고 성격이 활달하다.

둘째, 전화를 잘 받을 것이다(서점에서 전화주문을 많이 하기 때문에 전화를 재치있고 상냥하게 잘 받는 것이 무엇보다 중요하다).

셋째, 마음이 건강하고 진솔하다.

필자는 세번째의 이유를 강조했다. 물론 필자가 그런 말을 했기 때문은 아니겠지만, 어쨌든 세번째 아가씨가 채용되었다.

다소 지루하게 이 이야기를 늘어놓은 이유를 독자들은 이미 눈치챘을 것이다. 첫번째 아가씨에게 높은 점수를 주었던 필자의 마음이 급작스럽게 세번째 아가씨로 돌아선 것은 어느 순간 그녀가 했던 말 한마디 때문이었다.

사람의 첫인상에 결정적으로 작용하는 것은 그 사람의 언행이다. 험상궂은 얼굴을 가진 사람이라도 그 말씨가 선량하면 달리 보인다. 아무리 훌륭한 용모를 가지고 있더라도 그의 언행이 바르지 못하고 곱지 못하면 좋은 느낌을 갖지 못한다.

세상에는 말 한마디 잘하여 꼭 죽을 목숨이 살고, 큰 부귀를 얻은 사람들이 적지 않다. 반면에 말 한마디 잘못하여 생명을 잃거나 큰 불행에 처한 사람들도 많다.

두 번 절하고 얻은 벼슬

흥선대원군(興宣大院君)은 성미가 괴팍하고 편협한 구석이 많았다. 호탕하면서도 어떤 면에서는 고지식했다. 사려가 깊으면서도 경솔했다. 감정의 기복이 심했다. 한마디로 고집스럽고 변덕스런 성품의 소유자였다.

대원군 때는 말을 잘하여 벼슬한 사람들이 유난히 많다. 반면에 말을 잘못하여 봉변을 당한 인물도 많았다.

다음은 대원군의 섭정 때 있었던 일화이다.

익종(翼宗)의 대통을 이은 고종(高宗)은 열두 살의 어린 나이로 철종(哲宗)의 뒤를 이어 조선 제26대 왕에 즉위했다. 왕의 생부인 대원군은 섭정을 통해 강력한 혁신정치를 추진함으로써 안동김씨의 세도정치를 분쇄했다.

그 무렵 대원군은 당색과 문벌을 초월하여 인재를 등용하여 썼다. 그러나 그의 눈안에 드는 인물이 없어 항상 우울하였다.

"쓸 만한 사람 하나 어디에서 구할 수 없을까……."

대원군은 쓸 만한 인재를 구하기 위해 항상 응숭 깊은 눈으로 사람들을 관찰하고 있었다.

그는 파란곡절을 겪은 인물이었다. 안동김씨의 서슬 푸른 세도정치 아래 왕족에 대한 감시가 심하자 부러 방탕한 생활을 했다. 시정의 무뢰한과 어울리고 구걸도 서슴지 않았다. 그래서 '상갓집 개', '궁도령(宮道令)'이라는 비웃음을 받으며 모멸의 세월을 견디었다.

그는 난(蘭)을 잘 쳤다. 불우했던 때는 생계수단으로써 난을 그려 팔았다. 득세 이후에도 노상 난을 치는 것만은 놓지 않았다.

어느 하루, 이날도 대원군은 난을 치고 있었다. 이때 웬 시골 선비가 와서 알현을 청하였다.

"들여보내라!"

대원군의 들이라는 분부로 선비는 조심스럽게 방으로 들어왔다. 대원군은 선비에게 눈길 한번 주지 않고 난을 치는 데 열중하고 있었다.

선비는 엉거주춤 서 있었다. 눈이 마주쳐야 절을 할텐데 대원군은 도무지 절을 받을 자세가 아니었다.

선비는 어떻게 처신해야 할지를 몰라 한참을 망설이다가 공손히 절을 하였다. 그래도 대원군은 시골 선비를 본 체 만 체 그대로 난을 그렸다.

시골 선비는 무안했다. 무어라고 말을 붙일 수도 없었다.

그대로 있자니 민망하고 그냥 나오자니 열없었다. 아주 거북한 입장이 되어 어색하기 이를 데 없었다.

그는 머뭇머뭇하다가 다시 한 번 절을 할밖에 없다고 생각하고 또 슬그머니 절을 했다.

그러자 대원군은 불같이 노하며 붓을 방바닥에 팽개쳤다. 그와 동시에 벽력 같은 소리로 고함을 질렀다.

"이런 고얀 놈을 봤나! 죽은 사람에게나 재배(再拜) 하는 것인데 시퍼렇게 두 눈 뜨고 살아 있는 사람에게 웬 재배란 말이냐?"

대원군의 호통에 시골 선비는 눈썹도 까딱하지 않았다. 보통 사람 같았으면 대경실색했겠지만, 그 시골 선비는 상당한 기지와 도량을 가진 위인이었던 모양이다.

'호, 요놈 봐라!'

대원군은 무섭게 눈알을 부라리며 시골 선비를 또 한번 위협했다. 그러나 시골 선비는 태연하고도 침착하게 입을 열었다.

"대감, 그런 것이 아닙니다. 먼저 절은 와서 문안드린다는 절이옵고, 나중 절은 그만 물러간다는 절이옵니다."

말소리 하나 떨려 나오지 않았다.

이 말을 들은 대원군의 얼굴이 확 펴졌다. 실로 오랜만에 사람 하나 얻었다는 만족스런 표정이었다.

"어디에 사는 누구이며, 이름은 무엇인고?"

"예, 시생은 전라도 영광땅에 사는 어느 가문의 김 아무개라 하옵니다."

"오, 그래? 물러가 있게."

그로부터 사흘 후에 시골 선비는 영광 군수로 발령을 받았다.

대원군의 이러한 일은 그 수를 헤아릴 수 없으리만큼 허다하다.

다음에 소개하는 이야기도 앞의 경우와 비슷하다.

재치있는 한마디가 사람의 마음을 흔든다

고종이 즉위하기까지는 신정왕후 조대비(趙大妃)의 힘이 컸다. 그래서 대원군은 조대비의 친족들을 각별히 생각해 주었다.

조대비의 친족인 조영하는 키가 무척 컸다. 그는 대원군의 신임을 얻으려고 날마다 운현궁에 승후하였다.

어느 날 대원군은 조영하가 문안하고 돌아가는 것을 보고 이런 말을 했다.

"아따, 고놈 키가 크기도 하다! 모가지를 잘라도 능히 행세를 할 만한 놈이로구나!"

조영하는 기지가 뛰어난 사람이었다. 그런 그가 대원군의 말을 놓칠 리가 없었다.

"아니, 대감께서 시생의 목을 베신다고 말씀하셨습니까? 그렇다면 시생더러 어깻바람으로 행세하라는 말씀입니까?"

이 말을 듣고 대원군은 폭소를 터뜨렸다.

그 후 조영하는 대원군의 신임을 톡톡히 받아 어깻바람으로 행세했다. 그러나 나중에는 대원군을 배척하는 편에 서게 된다.

문자를 쓰다가 망신당한 이야기

대원군은 파란곡절을 많이 겪은 사람이기 때문에 세상 물정에 어둡지 않았다. 그러므로 세도를 잡은 후에 민간의 사정을 많이 보살폈으며, 소인배와 아첨배들을 골려준 일이 많았다.

대원군을 알현하여 잘만 하면 벼슬을 얻고, 하루 아침에 벼슬이 높아진다는 소문 때문에 운현궁은 날마다 문전성시를 이루었다.

하루는 어떤 시골 선비가 대원군을 알현했다.

의례적인 말이 오고갔다. 대원군은 그 선비에게 친절을 베푸느라고 이렇게 물었다.

"처가가 어디인가?"

선비는 "아무 집에 장가들었습니다." 하면 될 것을, 유식을 자랑하기 위하여 문자를 썼다.

"황문에 취처하였습니다."

황씨 문중에 장가를 들었다는 말이었다. 이 말을 들은 대원군의 눈빛이 묘하게 빛났다.

"항문이라고?"

대원군은 슬쩍 황문(黃門)을 취음하여 항문(肛門)이냐고 반문한 것이다. 그것도 모르고 선비는 그렇다고 대답했다.

대원군은 시니컬한 소리로 입을 열었다.

"항문이라면, 똥구멍에 장가를 갔단 말인가?"

대원군 특유의 풍자에 시골 선비는 얼굴이 빨갛게 변하여 대답할 말을 찾지 못했다.

다음도 대원군이 섭정할 당시에 있었던 일화이다.

모욕적인 말을 유머로 넘기는 기지

당시에 벼슬하던 김세호라는 사람에게 김규식이라는 아들이 있었다. 그는 얽죽얽죽 얼굴이 얽은 사람이었다. 아주 우툴두툴한 상곰보였다.

그가 등과한 후 대원군에게 문후하러 갔다. 그의 빡빡 얽은 얼굴을 본 대원군은 인사도 받기 전에 대뜸 소리쳤다.

"저런 얼굴이 세상에 또 있을까?"

초대면에 참으로 모욕적인 말이 아닐 수 없었다. 보통 사람 같으면 상대가 상대인지라 화를 내지도 못하고 부끄럽고 무안하고 모멸스러워 얼굴을 들 수가 없었을 것이다.

그러나 김규식은 안색 하나 변하지 않았다. 오히려 눈가에 눈웃음을 띠며 큰소리로 명랑하게 대답했다.

"있다뿐입니까. 소인이 세수를 하고 망건을 쓸 때 거울을 보면 그 속에 소인 같은 얼굴이 또 있습니다. 그리고 지금 대감님 뒤의 체경 속에도 소인과 같은 얼굴이 있습니다."

이 말에 대원군은 박장대소하였다.

"가위 기개남아로다!"

대원군은 당장에 김규식의 벼슬을 높여주었다.

세상을 살아가는 무형의 재산

세상사는 원리원칙대로 되는 것만은 아니다. 인간은 본질적으로 감정의 기복이 심하게 만들어졌으므로 감정에 따라 사람을 대하고 일을 처리하는 경우가 많은 것이다.

앞에서 소개한 대원군과 관련된 일화는 결코 옛이야기만은 아니다. 지금도 진행되고 있는 상황이며, 어디서나 대원군의 성품과 흡사한 오너를 쉽게 만날 수 있다.

예나 지금이나 남에게 환영받는 것은 기지나 지혜가 풍부한 사람, 이야기를 잘 듣는 사람, 예의가 바른 사람이다. 지성에 있어서 뛰어나게 우수하지 않더라도 기분 좋은 분위기와 재치있는 화술을 구사할 수 있으면 환영을 받는다. 또한 남의 말을 잘 들어주는 사람은 파도를 일으키지 않는 조용한 바다와 비슷하다.

재치있는 화술을 익히는 것, 세상을 살아가는 무형의 재산이다.

누구라도 사람은 사람을 차별한다

인간은 편견을 가지는 동물이다

사람이란 묘한 존재이다. 아니, 엄밀히 말해서 사람의 감정이 묘하다.

필자는 욱 하는 성질이 있어서 간혹 감정적인 언행을 할 때가 많다. 피가 끓고 힘이 넘쳤던 청년기에는 수가 틀리면 주먹다짐도 불사했었다.

어머니께서는 늘 아들의 급한 성격을 걱정하셨다. 사람을 늘씬하게 두들겨패서 병원신세를 지게 만든 적도 있었고, 싸움질로 인하여 경찰서 유치장 신세를 졌던 적도 서너 차례는 되었다. 그런 연유로 어머니는 무던히도 속을 끓이셨다.

다행히 그 어머니의 아들은(아들을 범죄자로 만들지 않으려는 어머니의 노력 덕분에) 전과자의 오명이 붙으려는 순간에 힘겹게 벗어난 경우가 몇 번 있었다.

"내가 죽으면 네놈 때문에 속이 곪아터져 죽은 줄이나 알아라!"

어머니는 아들에게 곧잘 이렇게 미운 소리를 하셨다.

어머니는 눈을 감으시는 순간에도 아들의 욱 하는 성질을 걱정하셨다.

"걱정하지 마세요. 다시는 쌈박질하지 않을게요."

아들은 주먹 같은 눈물을 뚝뚝 흘리면서 다시는 싸움하지 않겠다고 약속했다.

그리고 어머니는 눈을 감으셨고, 아들은 어머니와의 약속을 지키려고 노력하였다. 감정이 몹시 상할 때, 화가 머리 끝까지 치밀어 금방 폭발할 지경에 이르렀을 때도 아들은 온 힘을 다하여 주먹을 내뻗지 않았다.

세월의 연륜이 쌓이면서 철이 들고, 세상물정을 조금 알게 되면서 약간씩 수양을 한 덕분에 필자는 다소 온화한 사람이 되었다. 철없던 시절에는 감정에 따라 함부로 행동하고 나중에 생각했지만, 지금은 먼저 생각한 다음에 행동하는 사려 깊은 면이 생긴 것이다.

사회에서 필자를 만나 사귄 사람들은 필자의 과거사를 알지 못한다. 또 말한다고 해서 곧이듣지도 않을 것이다. 이 말은 필자가 그만큼 자기 변신에 성공했다는 이야기가 될 수 있다.

하지만 필자가 아직도 못 버리고 있는 나쁜 습성이 있다. 그것은 인간관계에서 호불호(好不好)를 너무 명확히 한다는 것이다. 다시 말하여 좋은 사람은 한없이 좋고 싫은 사람은 죽어도 싫다는 감정을 버리지 못하고 있다는 것이다(필자의

글 가운데 간혹 맵고 짜고 비틀린 구석이 있다면, 그것은 욱한 감정이 이성을 앞질러버리는 성질 때문일 것이다).

　필자는 많은 사람들 앞에서 이야기할 기회를 가급적 피하고 있다. 화술이 아주 젬병이거나 지식이 달려서가 아니라 오히려 분수를 넘는 좋은 말, 훌륭한 말들이 너무 쏟아져나올까 저어해서이다.

　'미운 사람은 주는 것도 없이 밉다'라는 말을 필자는 피부로 실감한 경우가 많다. 밉게 본 원인은 딱 꼬집어 말할 수는 없지만(합당한 원인이 없는 경우도 있다) 괜히 싫은 것이다.

　확실한 까닭 없이 사람을 좋아하고 미워하는 이런 마음에 관하여 내로라하는 지성인, 성직자, 예술가 등과 허심탄회하게 이야기를 했던 적이 있다. 결론은 아무런 편견을 가지지 않고 만인을 공평하게 대하는 사람은 단 한 사람도 없다는 점이다.

　성직자도(헌금의 액수와는 상관없이) 특별히 좋아하는 신도가 있고 까닭없이 미운 신도가 있다고 고백했다.

대학교수도(성적과는 상관없이) 남달리 애착이 가는 제자가 있고 얄밉게 여겨지는 제자가 있다고 말했다. 이런 경우 학점에도 영향을 미치게 되는 것이 사실이라고 그 교수는 말했다.

사장들도(업무와는 상관없이) 유난히 신뢰가 가는 직원이 있고 괜스레 봉급 주는 것이 아깝다는 생각이 드는 직원이 있다고 했다. 개인회사의 경우 사장의 눈에 들고 못 듦에 따라 급여의 차이가 생기게 되는 것은 어쩔 수 없다.

직장 상사들도(부하직원의 지성적인 면이나 개인 능력과는 상관없이) 이끌어주고 싶은 부하직원이 있고 못 잡아먹어 안달이 나는 부하가 꼭 존재한다고 말했다.

머리로 생각하는 것과 감정이 지배하는 행동의 차이

그럴 리가 없다고 생각하는가? 만약 그렇다면 당신은 인정받는 쪽(사랑 받는 쪽이라고 표현을 바꾸어도 좋다)에 있는 사람이거나 몹시 둔감한 사람 중의 어느 한 쪽에 속할 것이다.

인간은 이성과 감정을 동시에 지닌 존재이다. 그리고 대부분의 사람들은(부정하고 싶은 사람들도 있겠지만) 이성보다 감정 쪽에 치우친다. 자신과 상관없는 일에는 지극히 이성적인 인간일지라도 그것이 자신의 일이 될 때는 감정적으로 처신한다. 이 말을 달리 표현하면, 머리로 생각하는 것과 감정이 지배하는 행동이 어긋난다는 것이다.

한 예로 부모된 입장에서 자식의 대학 입시문제를 놓고 생각해 보자. 남의 자식일 때는 대범하고도 이성적인 말을 한다.

"공부가 인생의 전부가 아니다."

"대학을 가지 않고도 자기의 적성을 살려 얼마든지 훌륭한 사람이 될 수 있다."

"학교가 뭐가 그리 중요하냐. 정말 중요한 것은 개인의 소질과 적성이다."

대학교수나 저명인사들이 강연회나 글, 매스컴 등을 통해 주장했던 내용들을 취하여 입으로는 그럴듯하게 말하는 것이다.

필자는 학벌이나 학력 무용론을 주장하는 저명인사들을 보면 묘한 아이러니를 느낀다. 그들이야말로 세상의 누구보다도 학벌과 학력이 쟁쟁하다. 유수한 명문대학과 대학원을 졸업하고, 유학하여 거창한 학위도 받고, 그것을 바탕으로 사회의 상류층 인사가 된 것이다. 말하자면 학벌과 학력으로 가장 큰 혜택을 받은 사람들이 다른 사람들에게는 적성이 어떻고 소질이 어떻고, 학력과 학벌이 별것이냐고 떠들고 있는 것이다.

듣기에 따라서는 아주 분통 터지는 말이 될 수도 있다. 자기들은 다 가졌기에 온갖 혜택을 누리고 있으면서 남들에게는 포기하라고 떠들고 있는 것이다.

이야기가 잠시 곁길로 빠졌지만, 필자가 말하려고 하는 뜻은 인간이란 묘하게도 이중적인 존재라는 것이다.

남의 자식에게는 보편타당한 말을 하다가도 막상 그 일이 자기 자식의 문제가 될 때에는 명문대와 좋은 학과에 집착하게 되는 것이다.

보통 사람들은 흔히 사회의 저명인사들은 합리적인 사고를 하는 인물들일 것이라고 생각하는 경향이 강하다. 물론 전혀 틀린 생각은 아니다. 왜냐하면 그들은 이름값에 걸맞는 행동과 말을 해야 하기 때문에 애써 감정적인 면을 감추고 이성적인 면을 보이려고 노력하는 것이다.

그것을 위선적인 행위라고 나무랄 수는 없다. 오히려 그런 점이 저명한 인사들의 훌륭한 점이라고 말할 수 있다. 어리석은 자들이 발끈할 때에 냉정하게 있을 수 있는 것은 성숙한 인간이라는 증거인 것이다.

그러나 앞에서 이미 언급했지만, 그들도 사람을 차별한다는 것은 엄연한 현실이다. 어떤 사람에게는 많이 주고 또 어떤 사람에게는 오히려 빼앗아버린다. 그것은 알게 모르게 그 사람 스스로가 사랑받을 짓을 했거나 미움받을 짓을 했기 때문이라는 것은 두말할 나위가 없다.

필자는 사람의 호불호가 달리 보이는 원인은 그 사람의 언행에 있다고 본다.

다소 지루하더라도 필자의 이야기를 끝까지 참고 들어주시길 부탁드린다.

필자가 C출판사의 편집장으로 근무할 때 편집부 직원은 일곱 명이었다. 모두 수많은 지원자들 중에서 필자가 손수 뽑은 사람들이었다. 때문에 부서의 장으로서 그들을 지켜보는 필자의 마음은 남달랐다.

그중 K는 상습적으로 지각을 잘했다. B는 사적인 전화 통

· 사람의 호불호가 달리 보이는 원인은 그 사람의
언행에 달렸다.

화가 많았고, S는 업무 외적인 일(청소 및 회식 등)에 대해
서는 아주 아웃사이더였다.

　K의 지각은 항상 5분 정도 늦었다. 본격적인 업무가 시작
되기 전인 속칭 '커피 타임'에 슬그머니 사무실 문을 열고
들어오는 것이다. 어찌 생각하면 업무 시작 전에 출근을 했
으니까 큰 문제가 생길 것 같지는 않다. 그러나 상대적으로
일찍 출근하는 사람들과 갈등이 생길 요소가 많다.

　K와는 반대로 A는 항상 출근이 가장 빨랐다. 필자가 간혹
일찍 출근하는 날도 A는 어김없이 출근하여 청소를 하거나
사무실 정리정돈을 하고 있는 것이었다.

　지각을 잘하는 K, 사적인 전화 통화가 많은 B, 업무 외적
인 일에서 아웃사이더인 S는 업무상으로는 별 문제가 없
었다. 특별히 능력이 뛰어난 것은 아니었지만 그렇다고 뒤
떨어진 것도 아니었다.

　필자는 그들의 인격과 자존심을 존중하여 은밀하게 그 부
분들을 지적하고 고쳤으면 좋겠다고 부탁했다. 그러나 그들

은 약간 노력하는 듯하다가 도로아미타불이 되었다.

부서의 장으로서 몇 번이나 부탁을 했지만 효과가 없자 차츰 그들이 야속해지기 시작했다. 얄밉고 괘씸했다. 어떤 날은 꼴도 보기 싫었다.

그러나 필자는 그런 것을 내색하지 않으려고 애썼다. 그러나 필자의 심중에 숨어 있던 불만은 은연중에 표출되고 있었다.

A가 업무상의 실수를 범할 때 필자는 무척 관대했다. 똑같은 실수를 K나 B나 S가 했을 때는 이맛살을 찌푸리며 역정을 냈다.

승진에 있어서도, 봉급인상에 있어서도 차등이 생겼다. 출근이 빠른 A, 성격이 활발하고 예의가 바른 H, 능력이 뛰어난 E, 열심히 노력하는 J에게는 점수를 후하게 줬다.

나중에 회사의 사정으로 불가피한 감원이 있었을 때에도 밉보인 그들이 대상이 되었다.

필자의 처사가 부당하다고 생각되는가? 만약 그렇다고 생각한다면 당신에게 묻고 싶다.

"당신은 만인을 평등하게 대우하는가? 모든 친구를 아무런 차별없이 똑같이 좋아하는가? 조금 더 좋고 조금 더 싫은 사람은 당신 사전에 존재하지 않는가?"

누구라도 사람은 편견을 가진다. 내 마음에 드는 사람에게 잘해 주고 싶고, 나에게 밉보인 사람에게 못하는 것은 인지상정이다.

그리고 사랑받거나 미움받거나는 모두 스스로의 언행에 달려 있다.

인사성있는 인간은 인정을 받는다

번화가에 큰 식당을 하고 있는 주인여자와 이야기를 할 기회가 있었다. 식당을 하다 보니 아는 사람들이 많이 찾아온다고 했다. 그런데 밥을 한끼 그냥 줬을 때 사람들의 반응은 다르다고 했다.

그녀의 대학동창 중에 모 국회의원 부인(학교 때 별로 친하지 않았다고 했다)이 있는데, 공짜로 식사를 대접하면 당연한 듯이 받아들인다는 것이었다. 그래서 어느 때부터는 그녀가 매정하다고 생각할지 모르겠지만 꼬박꼬박 음식값을 받는다고 했다.

"밥 한끼를 대접하더라도 고마움을 아는 사람들은 다르지요. 언제 적에 밥 한끼를 줬는데도 잊지 못하고 만나면 그 말을 입에 담지요. 우리 자식들을 보더라도 '너희 식당에 갔을 때 대접을 잘 받았다' 어쩌구 말을 한다는 거예요. 그 말

· 경솔하고 지각없는 사람은
말을 함부로 한다.

을 들었을 때 자식들도 마음이 흐뭇하겠지요. 따라서 나는
사람을 도와주더라도 감사할 줄 아는 사람을 도와주려고 생
각하고 있어요. 대체로 가난한 사람들이 감사하는 마음을
갖는 것 같더군요."

필자는 그 말을 듣고 고개를 끄덕였다.

필자도 그와 비슷한 경험이 많다. 함께 일하는 사람들이
나 아는 사람들과 식사를 하거나 술자리를 하게 되는 경우
가 많은데, 함께 일하는 사람들과 동행하는 경우라면 대부
분 필자가 계산을 한다.

"맛있게 잘 먹었습니다."

이런 말을 하는 사람이 있는 반면에, 고기가 질겼느니 음
식이 불결했느니 하면서 불평하는 사람들도 있다.

불평하는 사람들을 볼 때 필자의 마음은 이상해진다. 피
땀 흘려가며 번 내 돈을 쓰고도 불평을 듣는 것이다. 자연히
심사가 불편해진다. '내가 앞으로 너에게 밥을 사주면 사람
이 아니다.'라고 생각하게 되는 것이 솔직한 표현이다.

"고맙습니다."

"감사합니다."

“잘 먹었습니다.”

이런 말 한마디가 따뜻한 인간애를 전해 주며 사람의 마음을 즐겁게 만든다. 내 돈을 쓰면서도 기분이 흐뭇해지는 것이다. 그러나 감사할 줄 모르는 사람에게는 차 한잔을 샀더라도 돈이 아까워 눈물이 나올 정도로 속이 쓰라린 것이다.

영국의 속담에 ‘인사성이 바른 것은 사람을 꾸미고 더욱이 돈이 들지 않는다.’라는 것이 있다.

이 말은 매우 의미심장한 말이다. 사람이 인사를 하는 데는 돈이 들지 않는다. 그렇지만 많은 것을 얻게 한다. 또한 인사는 최초에 서로의 마음을 열게 하는 커뮤니케이션이다.

잠시 책 읽는 것을 중단하고 생각해 보시기를 바란다. 당신의 주변에서 당신의 마음을 밝게 해주는 사람은 어떤 유형의 사람인가를 말이다. 모르기는 해도 아마 예절을 알고 인사성이 밝은 사람일 것이다.

예컨대 사람을 만난다.

“건강하십니까?”

하고 인사를 건네면,

“네, 덕택에…….”

라는 대답이 돌아온다.

이 ‘덕택’에는 어떤 뜻이 있을까? 그것은 “당신의 그늘 밑에서 살고 있습니다.”라는 말이다. 다시 말해서, 당신의 지혜와 당신의 자비를 받아서 살아가고 있다는 뜻을 내포하고 있는 것이다.

생각해 보면 인사란 실로 사소한 일일지도 모른다.

• 인사성이 없는 사람, 감사할 줄 모르는 사람은 사회에서
  배척을 당한다.

  그러나 인간의 삶이라는 것은 아무도 거들떠보지 않는 평
범한 일들이 쌓이고 쌓여 이루어지고 있는 것이다. 단 한 번
의 인사를 게을리한 것이 두세 번이 되고 어느새 그것이 습
관화되어간다.

  인사성이 없는 사람, 감사할 줄 모르는 사람은 사회에서
배척을 당한다. 아무리 다른 면이 뛰어나더라도 타인들로부
터 사랑을 받지 못한다. 그것은 인간으로서 지켜야 할 가장
기본적인 덕목이 결여되어 있기 때문이다.

  인사와 예절에 관한 문제를 당신은 어떻게 생각하는가?
깊이 생각해 볼 필요가 있다.

학다리 시비

어느 귀족이 사냥에서 돌아와 자기집 요리사에게 학을 한 마리 통째로 내어주면서 득의양양하여 외쳤다.

"음, 기분 좋다. 매는 하나도 못 잡았지만 용케도 학이 한 마리 걸려들었어."

귀족은 신이 나서 친구들에게 연락하여 학 요리를 먹으러 오라고 청했다.

요리사도 덩달아 흥에 겨워 어깨짓을 해가며 학의 털을 뽑고 잘 씻은 뒤 기름을 발라 통째로 막대기에 끼우고 불 위에 얹어놓고 천천히 굽기 시작했다.

얼마 안되어 고기가 맛있게 익기 시작했다. 구수한 냄새가 사방으로 퍼져, 요리사와 보통 사이가 아닌 옆집 하녀까지 그 냄새를 맡고 달려오는 몹시 상서롭지 못한 일이 벌어졌다. 상서롭지 못하다 함은, 언제고 없이 하녀에게 쩔쩔매

며 그녀가 하라는대로 하지 않고는 견디지 못하는 요리사를
두고 하는 말이다.

아니나다를까. 하녀는 주방에 들어서기가 무섭게 학의 다
리 살코기를 한 점만 떼어 달라고 칭얼댔다.

요리사는 주인이 얼마나 기대를 걸고 있는지 잘 아는 만
큼 한사코 안된다고 거절도 아닌 사정과 애원을 거듭했지
만, 하녀는 막무가내로 살코기를 내놓으라는 것이고 끝내는
뿌루퉁해서,

"흥, 다 알았어요. 당신이 나한테 이토록 무관심할 줄 알
았더라면 나도 당신 말을 듣지 않을 걸. 좋아요, 이제부턴
나도 생각이……."

이렇게 이를 악물고 덤벼드니 요리사는 더 어떻게 할 수
가 없어 눈 딱 감고 한쪽 다리를 떼어 그녀에게 주었다. 이
리하여 주인이 모처럼 친구들까지 불러 자랑스럽게 베푼 저
녁 식사는 한쪽 다리가 없는 학이 오르게 되었다.

"아니, 이봐! 도대체 어떻게 된 일이야?"

주인은 눈이 휘둥그레져서 소리를 질렀다. 그러자 거짓말
하는 데는 선수인 이 베니스인 요리사는 눈썹도 까딱하지
않고 태연스럽게 대꾸했다.

"주인님, 학이란 다리가 하나밖에 없는 게 아닙니까?"

"뭣이라구? 너는 날 바보로 아느냐, 내가 학을 생전 처음
먹어보는 줄 알아?"

주인이 아무리 눈을 부릅뜨고 다그쳐도 요리사는 꺼벙한
표정을 지으며 '나는 정말 모르는데요'하는 표정을 지으며
변명했다.

"주인님, 아무리 화를 내셔도 하나뿐인 다리가 두 개가 될리 없지요. 정 못 믿으신다면 저하고 내일 살아 있는 놈을보러 가시지요."

주인은 어처구니가 없어 말도 나오지 않을 지경이었다.그러나 손님들 앞에서 더 왈가왈부할 수도 없어서 그날은그냥 덮어두기로 하고 꺼림칙하나마 식사를 하고 말았다.

이윽고 다음날, 화가 풀리지 않은 주인은 꼭두새벽부터요리사를 데리고 근처의 학이 있는 강가로 갔다.

요리사는 이제는 빌어서라도 용서를 구해야겠지만, 빌 때빌망정 버틸 때까지 버틸 심산이었다. 조마조마한 가슴을안고 입을 꼭 다문 채 일체 말을 하지 않았다.

강가에 이르러 불안에 떨던 요리사는 주인보다 먼저 학을발견하고 무릎을 치며 환호성을 질렀다.

"저것 보십시오, 주인님. 학들의 다리가 모두들 하나뿐이잖습니까?"

학뿐만 아니라 물새가 잠잘 때는 으레 그렇듯이 모두들한쪽 다리를 오므리는 습성이 있다. 그러므로 당장 보기에는 다리가 하나밖에 없는 것으로 보이는 것이다.

주인은 기가 막힐 지경이라 꾸짖지도 못하고 신음하듯 중얼거릴 뿐이었다.

"음, 좋아. 다리가 하나뿐이구나. 그렇다면 내가 곧 두 개로 만들어 주마."

주인은 학이 있는 쪽으로 다가서면서 "훠이! 훠이!" 하고 소리쳐 학들을 쫓았다. 놀란 학들은 오므리고 있던 한 다리를 쭉 펴고 종종 걸음으로 달아나다가 이내 푸드드득 하늘로 날아가 버렸다.

"이 거짓말쟁이야! 눈으로 똑똑히 봤겠지? 이래도 자꾸 우길 테냐?"

잡아 먹을 듯이 눈을 부라리고 윽박지르는 주인의 모습에 요리사는 그만 얼이 빠진 채로 급히 대꾸했다.

"주인님, 저는 거짓말을 안했습니다. 주인님, 주인님은 어제 저녁엔 식사하기에 앞서 '훠이훠이!' 하고 소리를 지르지 않으셨잖습니까?"

말하다 보니 요리사는 제 꾀가 신통스럽게 여겨졌는지 다소 제정신을 되찾고 능청스럽게 덧붙여 말했다.

"에이, 주인님도…… 엊저녁에 '훠이훠이!' 하시기만 했으면 그 학도 틀림없이 한쪽 다리를 마저 내놓았을 것인데요."

주인은 기가 막혀 오히려 웃어 버렸다. 웃노라니까 또한 생각할수록 명답(名쏨)이고, 되새길수록 재미가 있어 어느 사이엔지 화가 풀려 버렸다.

"이 녀석아, 정말 그렇구나. 으하하하……."

지혜가 없는 자가 행운을 맞게 되는 것은 구멍이 뚫린 부대에 가루를 채워 짊어지는 것과 같다.

제5장

구설의 화

＊

남에게 환영받는 것은
기지나 지혜가 풍부한 사람,
이야기를 잘 들어 주는 사람이다.
사람들에게 경원당하지 않으려면
당신의 허[舌]에게
"나는 모른다."라는 말을
열심히 가르쳐라.

■ 알아 두면 마음의 보석이 되는 이야기 ⑨

농부와 소

어느 날 선비 한 사람이 말을 타고 시골길을 가고 있었다. 밭에서는 농부들이 한창 밭갈이를 하고 있었는데, 그중 한 늙은 농부가 소 두 마리를 함께 몰면서 밭을 갈고 있었다. 그것을 바라보던 선비는 농부에게 큰소리로 물었다.

"여보시오, 그 검정소와 누런소 중에서 어느 쪽이 더 일을 잘합니까?"

그러자 그 농부는 몹시 당황한 얼굴로 밭 가장자리로 나왔다. 그리고는 선비 곁에까지 와서 귀엣말을 했다.

"어느 쪽이 일을 잘하느냐고 물으셨지요? 힘은 저 검은 소가 더 셉니다만, 꾀부리지 않고 일을 잘하는 건 이쪽의 누런소라오."

이 말을 들은 선비는 껄껄 웃으며 말했다.

"하하, 잘 알았소이다. 그런데 노인장께서는 그 말을 뭘

그렇게 비밀스럽게 하십니까그려? 하찮은 짐승의 이야기가
아니오?"

그러자 노인은 조용히 고개를 저으며 말했다.

"말 못하는 짐승일지라도 나쁜 말을 듣게 해서는 안됩
니다. 칭찬도 여러 번 하면 욕이 되거늘 하물며 흉보는 말이
귀에 들어가면 좋을 리가 없지요."

그 늙은 농부의 말에 선비는 깊이 감동했고 그때의 감동
을 교훈삼아 평생 남을 헐뜯는 말을 하지 않고 살았다. 이
선비가 바로 조선 세종 때의 황희 정승이다.

어리석은 자가 함부로 뱉는 말은 비수가 되어 상대방과 자신이 동시
에 상처를 받게 된다. 그러나 현명한 사람의 사려깊은 말은 타인의 아
픔을 낫게 한다. 세 치의 혓바닥에 의해 사람이 죽기도 하고 살기도
하는 것이다.

제5장

사람을 슬픔에 빠뜨리는 말

사모님이라는 호칭에 대하여

"사모님께서 전화하셨어요."

외출했다 돌아오는 필자에게 사무실 아가씨가 말한다. 아내에게서 전화가 왔다는 말일 것이다.

사모님——이 말을 들을 때마다 필자는 마음이 묘하다. 스승도 뭣도 아닌 필자의 아내에게 이 말이 과연 합당한 것인지, 과공(過恭)은 아닌지 난감하기도 한다.

"작가는 작품으로 세상사람들에게 양식(良識)을 준다. 선생들은 어떤 테두리 안에서 학생들을 가르치지만, 작가는 만인에게 영향을 줄 수 있는 것이다. 말하자면 작가는 만인의 스승이다."

어느 선배 문인은 이런 지론이 있기에 창작활동에 긍지를 느낀다고 했다. 이 말에 따른다면 필자의 아내가 사모님 소리를 듣는 것이 영 틀린 말은 아닌 것도 같다.

어쨌든 필자의 아내를 지칭하여 주변사람들은 흔히 사모
님이라고 한다. 남들이 그렇게 호칭하니(송괴하지만), 필자
도 여기서 한번 그렇게 호칭하고자 한다.

때로는 정직이 최선이 아니다

어느 날 사모님께서 심기가 몹시 불편하셨다. 사모님의
안색이 불편하시니 필자의 마음도 덩달아 불편해진다.

무엇이 사모님의 심기를 불편하게 만든 것일까, 이리 저
리 생각해 봐도 좀처럼 감이 잡히질 않는다.

"무슨 언짢은 일이 있었나요?"

필자의 조심스러운 물음에 사모님께서는 고개를 가로저으
신다.

그렇다면 얼굴에 뚜렷한 저기압 전선은 무엇을 뜻하는 것
일까? 필자는 궁금증을 꾹 참고 저녁을 먹는다. 목이 컬컬
하여 반주라도 한잔 하고 싶은데 자꾸 사모님의 눈치가 살
펴진다.

"제 목소리가 그렇게 아줌마 같아요?"

사모님께서 밑도 끝도 없이 불쑥 말씀을 하신다.

"예?"

필자는 반찬을 집적거리다 말고 사모님을 본다.

"제 목소리가 아줌마 같냐구요?"

그렇다. 사모님의 목소리는 분명히 아줌마의 목소리다.
남편과 자식이 둘씩이나 있는 유부녀이니까…….

그러나 정직하게 '그렇다'고 말하는 것은 현명한 대답이

· 무심코 한 말이 상대방의
가슴에 못을 박는다.

못 된다. 사모님께서 그 질문을 하셨을 때 듣고 싶은 대답은
따로 있는 것이다.

"아뇨, 아직도 아가씨 목소리 그대론데……."

필자는 사모님의 안색을 살짝 살핀다. 불편한 심기가 약
간 누그러진 것처럼 보인다. 때는 이때다.

"술 한잔 없어요? 목이 칼칼한데……."

사모님께서는 아무 말씀도 없이 밖으로 나가 술을 한 병
사오신다.

무심코 한 말이 상대방의 가슴에 못을 박는다

필자는 저녁에 반주를 곁들이며 흘금흘금 사모님의 안색
을 살핀다.

"거지 같은 것이 전화를 해가지고……."

사모님의 입에서 고상하지 못한 소리가 쏟아져나온다. 이
때는 추임새가 필요하다.

"누가 전화를 했어요?"

"고등학교 동창인데 친하지도 않은 것이……."

사모님의 말씀을 듣고 보니 심기가 불편한 까닭인즉슨 이러했다.

아침에 난데없이 (친하지도 않은) 사모님의 친구분에게서 전화가 왔다고 했다. 돈 많은 남자에게 시집간 친구라고 했다. 눈꼴 사납게 멋을 부리고 다닌다는 소문을 들었다고 했다. 어떻게 전화번호를 알고 전화했는지는 모른다고 했다.

그 친구분의 첫마디가 사모님의 비위를 사납게 만드셨다.

"애, 넌 완전히 아줌마 목소리구나!"

이 말에 속이 뒤틀린 사모님께서는 즉각적으로 이렇게 받아 치셨다.

"그러는 넌 어떻구?"

전화 저편의 사모님 친구분은 화들짝 놀란 목소리로 부인했다.

"아냐, 난 아냐!"

사모님의 기분은 며칠 동안 우울하셨다. 무슨 년!, 어쩌구 하시면서 언짢아하셨다.

사모님의 친구분께서는 왜 그런 말을 하셨을까?

폭탄적인 말

필자도 사모님과 흡사한 일을 당한 적이 있다. 그렇기 때

· 질이 좋지 않은 혀는 질이 좋지 않은 손보다도 나쁘다.

문에 사모님의 기분이 어떠하리라는 것을 십분 이해한다.

필자의 졸저 중에 《입》이라는 제목의 책이 있다. '여자에게 주는 99가지 충고'라는 부제가 붙은 책이다. 원래 이 책의 부제는 '아내가 남편에게 해서는 안 되는 99가지 말'인데, 출판사 측에서 대중적인 제목이 못 된다는 이유를 들어 슬쩍 바꿔버린 것이다.

그 책 중에 〈당신도 파삭 늙었군요〉라는 글이 있는데, 사모님의 심기가 불편한 이유와 비슷하기 때문에 여기에 다시 옮겨적는다.

사람은 나이를 먹을수록 외모에 대해서 불안을 느낀다. 젊은 사람이라면 상상도 할 수 없는 불안이다. 기력이 부치고, 몸의 탄력이 점점 약화되고, 대머리가 되거나 흰머리가 늘어갈수록 이 불안은 심화된다. 들어서 기분 나쁜 말은 많고도 많지만 '늙었다'는 말처럼 사람의 가슴을 슬프게 하고 기분 나쁘게 하는 말이 또 있을까.

나는 이 말을 들었을 때의 기분을 잘 안다. 직접 경험했기 때문이다. 내가 30대 초반에 고향에 성묘를 갔다가 겨우 얼굴을 아는 정도의 선배를 만났다. 중학교 2년 선배였다.

"야, 너 왜 그렇게 늙었냐? 파삭 삭았다!"

그 말을 듣는 순간 나는 마치 피가 거꾸로 치솟는 듯한 기분이 들었다. 사실 나는 실제 나이보다 조금 더 들어 보이기는 하지만, 30대 초반인 사람에게 '파삭 삭았다'는 너무 지나친 말이 아닐 수 없었다. 성질대로 하자면 즉시 주먹을 날려 그 입을 박살내고 싶었다.

나는 그런 감정을 애써 누르며 '너도 내 기분이 어떤지를 느껴보아라' 하는 심정으로 이렇게 되받아 쳤다.

"선배도 폭삭 늙었네요. 너끈히 오십줄, 아니 환갑은 되어 보이는데 그래요."

나의 반격에 그의 얼굴은 흡사 곤장맞은 사람의 볼기짝처럼 붉으락푸르락하였다.

그는 '싸가지없는 ××' 어쩌구 하면서 분통을 터뜨렸다. 완력으로 하자면 좀처럼 남에게 뒤지지 않는 나는 그 선배를 늘씬하게 두들겨패주었다.

이만 각설하고, 설령 남편이 늙어 보인다고 하더라도 "당신도 폭삭 늙었군요." 하고 폭탄적인 말을 해서는 안 된다. 그 말을 들은 당신의 남편은 필자의 경우처럼 무섭게 폭발할는지도 모른다.

경솔하고 지각없는 사람은 말을 함부로 한다. 어떤 말도 자신에게 되돌아온다는 사실을 알았으면 한다.

명 답

처음으로 보초를 서게 된 신병을 주번 사령이 시험하고 있었다.

"꽤 거리가 떨어져 있는 전방(前方)의 수풀로부터 돌연 전함(戰艦)이 나타나서 귀관이 있는 데로 돌진해 온다면, 귀관은 어떻게 하겠나?"

신병은 너무나 의외의 질문에 눈을 크게 떴다. 이윽고 그는 힘찬 소리로 대답했다.

"저는 즉시 어뢰(魚雷)를 들고 달려가서 그 전함을 격침시키겠습니다."

얼토당토않은 물음에 현명한 대답이었다. 주번 사령은 조금 당황하며 다시 물었다.

"귀관은 대체 그 어뢰를 어디서 가지고 온다는 말인가?"

신병은 조금도 주저하지 않고 대답했다.

"주번 사령님께서 그 전함을 가져오신 장소에서 가져옵니다."

경솔하게 지껄인 혀를 뽑아버리고 싶었다

때 늦은 후회

필자의 길지도 짧지도 않은 생을 뒤돌아보면 잘 살았다는 생각보다 잘못 둔 바둑처럼 미련과 후회가 많다.

어떤 때는 길을 잘못 들어섰고, 또 어떤 때는 선택을 잘못했다. 어떤 때는 너무 망설이다가 절호의 기회를 놓쳤고, 다른 때는 너무 서두르다가 일을 망치기도 했다.

이때는 좋지 못한 습관에 물들어 어둠 속을 방황하기도 했고, 저때는 지각이 없었기에 그릇된 행동을 하여 다른 사람에게 피해를 입히기도 했다.

사람을 사귀는 데도 편견에 사로잡혔다. 마음에 합당한 사람에게는 한없이 관대했고, 눈에 거슬리는 사람에게는 더없이 냉담했다.

그러기에 알게 모르게 모진 말과 야멸찬 행동으로 남에게 상처를 주기도 했다. 그러는 동안 좋은 친구들이 주위를 떠났다.

필자에게 어려운 시기가 있었다. 사방을 둘러보며 구원의 손길을 찾았으나 선뜻 고통을 함께 나눠줄 사람은 없었다. 술을 마시거나 좋은 일, 재미있고 유쾌한 일에는 잡새떼처럼 몰려들던 사람들이 막상 어려움을 당하여 손을 내밀자 영영 타인이었다.

그 후 필자는 사람을 사귀는 데 조금 신중을 기하게 되었다. 본심을 파악할 때까지는 냉정을 유지하려고 노력했다. 그러나 그것이 말처럼 쉬운 일은 아니었다.

무심코 말했다가, 그 말을 지껄인 혀를 뽑아버리고 싶을 정도로 후회한 일도 여러 번 있다. 필자의 경솔한 혀는 친한 친구에게 깊은 상처를 주었다.

벌써 까마득히 오래 전의 일이지만 필자는 그날의 상황을 오늘 아침에 있었던 일처럼 생생하게 기억하고 있다.

낙엽이 우수수 떨어지는 가을이었다. 친구한테서 만나자는 전화를 받고 약속장소로 나갔다. 친구는 한 아가씨를 대동하고 나왔다.

아담하면서도 조금 우람한 체구의, 소박한 용모의 아가씨였다. 미인이라고는 할 수 없었지만 결코 보기 싫을 정도로 못생긴 것은 아니었다.

친구가 인사를 시켰을 때 필자는 건성으로 그녀를 대했다. 그것이 문제의 발단이었다.

인사를 나눈 후에 그 아가씨는 잠시 은밀한 용무를 보느라 자리를 비웠다. 그 틈에 필자의 입에서(문제의) 방정맞은 소리가 터져나왔다.

· 사람은 남한테서 백만마디
말을 들어가며 중상당하는
것보다 친구한테서 들은
무심한 한마디 말에 더 크게
마음을 상한다.

"웬 괴물을 데리고 나왔냐?"

"응, 오다가 만났어."

친구는 대수롭지 않게 대답했다.

"괜히 허튼 짓하다가는 발목 잡히니까 조심해!"

친구는 필자의 얼굴을 물끄러미 쳐다보면서 씁쓸하게 웃었다.

그날 친구와 헤어진 필자는 그 일을 까맣게 잊었다. 그리고 두 달쯤 지난 어느 날 그 친구가 결혼한다는 소식을 다른 친구를 통해 들었다. 즉시 전화를 걸었다.

"너 결혼한다며?"

"……아냐."

"아무개가 그러던데……?"

"잘못 알았겠지."

"정말이야?"

"그래."

필자는 친구와 통화를 하고 나서도 뭔가 찜찜했다. 그래서 다른 친구들에게 전화를 하여 확인을 했다.

친구가 결혼한다는 것은 사실이었고, 그 날짜는 임박해

있었다. 필자는 몹시 불쾌했다. 친구인 필자에게 결혼한다는 사실을 숨기는 그 친구의 행위를 어떻게 이해해야 할는지를 몰랐다.

친구의 결혼식 날이 되었다. (비록 초대받지는 못했지만) 필자는 친구의 결혼식에 참석하지 않을 수 없었다.

그리고 필자는 말을 경솔하게 내뱉은 필자 자신의 혀를 뽑아버리고 싶은 마음이 되었다. 신부는 다름 아닌 그 여자였다. 필자가 '괴물'이라고 말했던…….

이럴 경우에는 거짓말을 하라

필자는 그 일이 너무도 가슴에 맺혔기에 말을 조심하는 사람이 되려고 노력했다. 무심코 감정적인 말이 튀어나오지 않게 하려고 경계했다. 덕분에 지금은 말을 많이 절제하는 사람이 되었지만, 그 실수는 두고두고 잊지 못할 것 같다.

그로부터 세월이 많이 흐른 후에 필자는 《탈무드》에서 이런 글을 읽게 되었다.

"다음 두 가지 경우에는 거짓말을 해야 한다. 다음의 경우에 한해서는 진실이 악(惡)이고, 거짓이 선(善)에 해당된다. 첫째, 누군가가 이미 사버린 물건에 대해서 의견을 물어왔을 때는 설령 그것이 나빠도 훌륭하다고 거짓말하라. 둘째, 친구가 결혼했을 때는 반드시 부인이 대단한 미인이며 행복하게 살 것이라고 거짓말을 하라."

무례함은 소외와 미움을 부른다

인간은 연기자이다

예의는 인간 사이의 질서를 규정하는 원리이다. 인간이라면 누구라도 그러겠지만, 자기를 존대해 주는 사람을 만나면 기분이 좋고, 무시하는 듯한 사람을 만나면 좋은 기분을 갖지 못한다.

모르는 사람일지라도 정이 어린 말로 인사를 하는 사람을 보면 어쩐지 신뢰감을 갖게 된다. 무뚝뚝한 표정으로 입을 딱 붙이고 있는 사람보다 훨씬 보기에도 좋고, 사람의 기분을 상쾌하게 만든다.

지나치게 뚝뚝하게 보이는 사람은(그 속마음은 그렇지 않다고 하더라도) 무례하다는 인상을 주기 쉽다.

무례함은 소외를 부른다. 천성적으로 타고나기를 그렇게 타고났다고 반문하고 싶은 사람도 있겠지만, 그것은 인간 관계에 진지하지 못하기 때문이다. 바꾸어 말하자면 '무례'

・인간은 그 누구라도 연기자의 기질을 가지고 있다.

한 것이다.

필자는 연기자들은 보면서 거듭거듭 감탄할 때가 많다. 천연덕스럽게 극중 배역의 성격을 연기해 내는 것을 보면서 인간은 저렇게도 리얼하게 갖가지 상황을 연기할 수 있다는 것을 깨닫게 된다.

인간은 그 누구라도 연기자이다. 자기의 희로애락에 대한 감정표현을 곧대로 다하면서 살아가는 사람은 없다.

아무리 무례한 사람이라 하더라도 강자(強者) 앞에서는 표정을 누그러뜨리게 된다. 강자가 하는 말이면 그리 우습지도 않은 말에 억지로 큰소리로 웃어 보이는 등 강자의 비위 맞추기에 급급한 사람들을 주변에서 흔히 볼 수 있다.

어찌 보면 비열하고, 또 다르게 보면 한심하고, 이해하는 마음으로 보면 가련해 보이기도 하지만, 그것이 보편적인 인간의 모습이다.

사람의 마음은 하루에도 열두 번씩 변한다

사람은 마음먹기에 따라서 얼마든지 변신이 가능하다. 화가 정수리 끝까지 치밀어오르는데도 웃을 수 있고, 기분이 좋아 춤을 추고 싶을 지경인데도 슬픔을 연기할 수 있다.

"나는 원래 그렇다. 마음에 없는 친절이나 미소 같은 것은 '절대로' 짓지 않는다."

이렇게 말하는 사람이 있다. 이렇게 말할 때 그 사람은 '절대로'라는 부사에 힘을 싣는다. 그러나 잘 살펴보면 그 말은 힘이 없다. 단지 그 상황에 대처하는 그 사람의 감정이 그 말을 하게 만든 것이다. 때문에 언제든지 변할 가능성이 있다.

"당신을 죽도록 사랑해요."

"무덤에 들어갈 때까지 비밀로 지키겠어요."

"절대로 용서할 수 없다."

"기필코 성사시키겠다."

사람들은 곧잘 이러한 극언(極言)을 내뱉지만, 그 말을 실천으로 옮기는 사람은 극히 적다.

죽도록 사랑하겠다고 맹세했던 사람이 죽지도 않고 다른 사람을 선택하는 경우를 흔히 본다.

무덤에 들어갈 때까지 비밀을 지키겠다고 하던 사람이 그날 밤 아내의 귀에 속삭이며 비밀을 지키라고 당부한다. 그 아내는 친구에게, 그 친구는 다른 사람에게 전파되면서 비밀은 광고가 된다. 광고가 되면서도 따라다니는 말은 '비밀을 지키라'는 당부이다.

절대로 용서할 수 없다던 사람과 다음날 웃으며 대화한다. 기필코 성사시키겠다고 장담했던 사람이 성사 근처에도 못 가고도 태연하다.

이와 같은 사례들을 볼 때 말이 얼마나 허울이 좋은가를 느낄 수 있다.

소문만 해도 그렇다. 소문이 얼마나 무책임하고 허무 맹랑한 것인지는 소문의 당사자가 되어보면 알 수 있다.

필자는 사람이 습관처럼 무뚝뚝한 표정을 짓는 것은 마음의 수양이 부족하기 때문이라고 생각한다. 좀더 가혹하게 말하면 사람이 깊지 못하고 무례하기 때문이다. 이런 사람은 자신의 의사와는 상관없이 다른 사람에게 배척당하기가 쉽다. 무뚝뚝한 표정이 남의 비난과 적개심을 부르고 있는 것이다. 만일 그 사람의 본심이 그렇지 않다면 자기를 보는 타인들의 괜한 선입견이 무척 억울할 것이다.

표정을 온화하게 만드는 것이 여러모로 좋다. 그리고 그것은 생각보다 훨씬 쉬운 일이다. 마음으로 온화한 표정을 짓겠다고 생각하면 표정은 자연히 마음을 따라가게 된다.

무뚝뚝한 표정과 무례함, 그것은 자제심이 없는 행동의 큰 대가이다. 세상을 바람직하게 살려면 일부러 남의 비난을 불러일으키는 것 같은 행동은 하지 않아야 된다. 또 그것이 습관으로 굳어졌다면 노력하여 고치는 것이 좋다.

그렇지 않아도 비난은 일어나기 쉬운 법이다. 세간에는 아무리 비위를 맞춰도 별 이유도 없이 증오를 품는 자가 많기 때문이다.

■ 알아 두면 마음의 보석이 되는 이야기 ⑩

남자와 여자

여자 : 남자에게 무슨 말을 해도 오른쪽 귀로 듣고 왼쪽 귀로 흘려버리는 것만 같아요.

남자 : 그럴테지. 그러나 여자에게 무슨 말을 하면 양쪽 귀로 듣고 입으로 쏟아 놓는 것만 같애.

남자는 자기 자신의 비밀보다는 타인의 비밀을 한층 굳게 지킨다. 여자는 그와 반대로 타인의 비밀보다는 자기 자신의 비밀을 더욱 잘 지킨다.

〈라 브뤼에르〉

제6장

말하는 것이 어려운 이유

인간의 마음은
결코 불변하는 것이 아니다.
하루에도 몇 번씩 변한다.
기쁠 때가 있고 슬플 때가 있다.
이성적일 때가 있고 감정적일 때가 있다.
마음이 넓을 때는 두둥실 배를 띄울 만큼
넓다가도 좁을 때는 바늘하나 꽂을 수
없을만큼 좁다. 그래서 인간관계가
어려운 것이다.

광대의 재치

옛날 어느 회교국에 오랫동안 그 나라의 지도자를 시중들어 온 광대 유대인이 있었다. 어느 날 이 유대인 광대는 어떤 중요한 실수를 저질러 회교도 지도자에게 크나큰 화를 미치게 했다. 그러나 이 유대인 광대야말로 오랫동안 그 지도자를 위하여 헌신적으로 일을 해왔기 때문에 그에게 마지막 자비를 베풀지 않을 수 없었다.

회교도 지도자는 유대인 광대를 불러놓고,

"너는 중요한 실수를 하여 나의 명예를 더럽혔기 때문에 죽일 수밖에 없다. 그러나 오랫동안 나를 위해 수고해 온 너에게 마지막 자비심을 베풀려고 한다. 자, 어떤 방법으로 죽기를 원하느냐? 네가 원하는 방법으로 죽이겠다."

하면서 모래시계의 모래가 모두 아래로 떨어질 동안의 시간 여유를 주었다.

점점 시간이 흘러 모래가 다 떨어져 갈 무렵 유대인 광대
는 무릎을 꿇고,

"위대하신 지도자시여! 저를 위하여 베푸신 자비에 감사
드리옵니다. 제가 사형에 처해지고 싶은 방법은 꼭 하나 있
사옵니다."
하며 회교도 지도자를 우러러보았다. 그러자 회교도 지도자
가 냉정한 어조로 말했다.

"그 방법대로 죽게 할테니 어서 말하라!"
이 말에 유대인 광대는 떨리는 목소리로,

"그 방법은 제가 노쇠하여 죽은 것이옵니다."
라고 말하는 광대의 눈에는 재치가 번뜩였다.

"세 치 혀로 다섯 자의 몸을 살리기도 하고 죽이기도 한다."는 말이
있다. 이 말처럼 어리석은 사람이 함부로 뱉는 말은 비수가 되지만,
지혜로운 사람은 날아오는 비수라 할지라도 재치와 슬기로운 혀로 능
히 막아낼 수 있다.

제6장

말은 와전되기 쉽다

　어느 유명한 강사가 알코올 중독자 모임에 초청되어 '술과 건강'에 대한 주제로 강연을 했다.

　강사는 유창한 화술로 술의 해독에 대하여 이야기했다. 그러나 알코올 중독자들은 시들먹했다.

　"술은 건강에 해로울 뿐만 아니라 인간의 고결한 정신을 좀먹는 것입니다. 그러니 술을 멀리해야 합니다!"

　강사는 이렇게 말한 후에 천천히 고개를 돌려 청중을 한 바퀴 둘러보았다. 자기들끼리 시시덕거리는 사람도 있었고 꾸벅꾸벅 졸고 있는 사람도 있었다. 그런 모습을 본 강사는 화가 나서 소리쳤다.

　"좋습니다. 저는 지금 당장 여러분들이 깜짝 놀랄 만한 시범을 보이겠습니다."

　강사는 커다란 유리시험관 두 개를 연탁에 놓고 한쪽에는

술에 지렁이가 녹았습니다.

술을 마시면 기생충이 녹습니다.

· 사람들은 곧잘 말을 곡해해서 듣는다.

맹물을, 다른 한쪽에는 술을 집어넣었다.

"보십시오. 똑똑히 보십시오. 저는 살아 있는 지렁이를 실험관 속에 넣겠습니다. 여러분은 지렁이가 어떻게 변하는지를 지켜보십시오."

강사는 지렁이 두 마리를 각각 다른 실험관 속에 넣었다. 물 속에 넣은 지렁이는 즉시로 신나게 몸을 꿈틀거리며 헤엄을 쳤다. 그러나 술 속에 넣은 지렁이는 막 몸부림을 치다가 용해되어버리고 말았다. 녹아버린 것이었다.

알코올 중독자들은 신기하고 재미있는 광경을 보고 호기심이 일어 눈을 반짝였다. 강사는 회심의 미소를 지으며 자신있게 소리쳤다.

"보셨습니까, 여러분! 여러분께서는 지렁이가 술 속에서 녹는 것을 보고 무얼 생각하셨습니까?"

이때 뒤에 앉아 있던 사나이가 손을 번쩍 들고 일어나서 외쳤다.

"예, 술을 많이 마시면 기생충이 싹 녹아버립니다."

그 대답을 들은 강사의 얼굴이 벌겋게 변했다. 청중들은 박장대소를 터뜨렸다.

소개한 삽화는 미국의 심리학자 웨인 다이어 박사가 쓴 《오류투성이의 인간》에 나오는데, 철저하게 자기 본위의 생각을 하는 인간성을 말하기 위해 인용하고 있다.

강사가 지렁이 실험을 했던 것은 무슨 뜻이었을까? 술을 마시면 지렁이가 녹는 것처럼 창자가 녹는다는 것을 말하기 위해서였다. 그런데 대답한 청중은 기생충이 죽는 것으로 받아들였던 것이다.

독자들도 소개한 삽화와 같은 경우를 당한 적이 있을 것이다. 자기는 이런 뜻으로 말했는데 상대방은 저런 뜻으로 받아들여 당황했던 적은 없는가?

아 다르고 어 다른 것이 말이다. 따라서 상대방의 입장에 서서 잘 생각해 본 다음에 말을 해야 실수가 없다.

말과 표정의 조화에 대하여

잊혀지지 않는 영화장면

여인이 걱정스럽다는 음성으로 묻는다.

"코가 먼저 닿는데 어떻게 키스할 수 있지요?"

남자의 눈빛이 그윽해진다. 남자는 대답 대신 여인의 입술에 가벼운 입맞춤을 한다.

여인은 해맑게 웃으며 달뜬 음성으로 말한다.

"아, 키스를 할 때는 고개를 비스듬히 해야 코가 닿지 않는군요."

오래 전에 잉그리드 버그만이 보여줬던 영화의 한 장면인데, 잊혀지지 않는다. 필자는 그 영화를 보면서 순진무구한 그 여인에게 매료되면서 웃었다.

또 영화의 제목과 주연은 알 수 없지만, 어느 외화에서 본 장면도 잊혀지지 않는다.

남자가 여자에게 데이트를 신청하면서 진지하게 말한다.
"당신은 거절하지 못할 겁니다."
"왜요?"
여자가 눈을 크게 뜨고 반문했을 때 남자는 은근한 목소리로 이렇게 말한다.
"내가 간절히 부탁하고 있으니까요."

반어법

말은 영혼의 도구이다. 우리는 말로써 생각과 마음을 표현한다. 이때 말과 표정의 조화는 참으로 중요하다. 입으로는 좋은 말을 하면서도 표정이 좋지 않으면, 그 표정의 언어가 말하는 사람의 진실이다. 말의 어감은 비록 좋지 않으나 표정이 좋으면 그 말도 좋은 뜻으로 전달된다.

수사법에 반어법(反語法)이 있다. 이 어법은 상대방을 풍자하거나 조롱하기 위하여 반대되는 말을 써서 그 효과를 극대화시키려는 경우에 쓰인다. 예컨대 '좋아요'라는 말은 '싫어요'로, '나쁜 짓을 했구나'를 '좋은 일했다'로 표현하는 것이다.

잠시 다음 이야기를 위하여 상황설정을 해보자.

"당신 참 잘했어요. 정말 잘한 일이에요."
아내가 술값으로 봉급을 축낸 남편에게 이렇게 말한다. 남편은 죄책감을 느끼면서도 아내의 미운 소리가 귀에 거슬린다. 그래서 옥신각신하다가 기어코 육박전이 벌어진다.

싸움 후에는 으레 냉전상태가 전개된다. 이때 부부가 잘 아는 제삼자가 방문한다.

아내는 남편의 행위를 공박한다. '잘했다'고 했는데 뭐가 나빠서 야만인처럼 주먹을 휘두르냐는 것이다.

제삼자는 아내의 말을 듣고 고개를 끄덕인다(남편이 잘못했다는 것을 수긍한다는 표정이다).

"그 말은 기분 상할 말이 아닌데……."

남편으로서는 속 터지는 얘기가 아닐 수 없다. 말을 할 당시의 표정과 분위기를 배제하면 그 말은 참으로 좋은 말이기 때문이다.

"말하는 당신 표정이 좋았어?"하고 반격해도 힘이 부치게 된다.

그 말이 뭐가 나쁘다고

"그 말이 뭐가 나빠요?"

사모님께서 잘하시는 말씀이다. 필자는 사모님의 이 말씀을 듣노라면 은근히 부아가 치민다.

부부로 함께 살다 보면 정말 하찮은 일로 다투게 되는 일이 많다. 그런데 사모님께서는 참으로 기억력이 좋으셔서 필자는 까맣게 잊고 있는 이야기(부부싸움)도 곧잘 입에 담으신다.

사모님의 평상시 음성은 나긋나긋하시다. 수다를 느낄 만큼 말수가 많으신 것도 아니다. 그래서 대화에 설득력이 강하시다.

사모님께서는 집안사람들이 모였을 때, 동기간을 만났을 때 슬쩍 묵은 이야기를 꺼내신다.

"……그래서 '당신 뜻대로 하세요' 했더니 화를 내고 밖으로 나가버리는 것이 아니겠어요."

사모님의 설득력있는 말씀에 감화를 받은 다른 사모님들은 (꼭이라고 해도 좋을 정도로) 이 말씀을 하신다.

"그 말이 뭐가 나쁘다고……."

나쁘게 되는 사람은 필자다. 일순간에 편협하고 옹졸하고 다랍고 치사하고 성격이 더러운 사람이 된다.

말하기 좋아하는 사모님들에게 통북어처럼 찢기우다 보면 가슴이 부글거려 그냥 넘어갈 수 없다. 그러나 서툴게 한마디했다가는 두고두고 '씹을 거리'를 만들어주게 된다.

반 격

필자는 그중에서 가장 말펀치가 강한 사모님을 상대로 일대 쇼맨십을 발휘하기로 결심한다.

먼저 아무렇지도 않다는 표정으로 싱글거리면서 사모님들 틈에 끼여든다. 그리고 틈을 보아 갑자기(호랑이처럼 무섭게 보이기를 열망하면서) 인상을 찡그리며 좌중을 둘러본 다음에 표적으로 삼은 사모님을 쏘아본다(이때 사모님들께 서는 영문을 몰라 당황하게 된다).

시선이 일제히 필자에게 집중되고 쥐죽은 듯이 조용해졌을 때 시니컬하게 말을 씹어서 뱉는다.

"참으로 현명하십니다!"

이 말을 듣는 순간 표적이 된 사모님의 안색이 확연히 변하는 것은 물론이다. 이때가 참으로 중요하다. 말펀치 강한 사모님께서 "무슨 말이냐?"고 따지기 전에 좌중을 향해 활짝 웃으면서 최고로 부드럽게 말을 꺼내야 한다.

"이상하지요?"

이 말을 하면 사모님들께서는 일제히 '뭣이?' 하는 표정이 된다.

"제가 '참으로 현명하십니다.'라고 말했는데 왜 화를 내시는지 이유를 모르겠습니다."

사모님들의 반응은 거의 같다. 말한 뜻이 그것이 아니라는 것이다. 표정이 심각했는데, 말투가 거칠었는데 어떻게 좋은 뜻으로 받아들일 수가 있겠느냐고 이야기가 진행된다.

이때는 가급적 큰소리로 웃어야 한다.

"으하하하……. 바로 그겁니다. 한쪽 말만 듣고 '그 말이 뭐가 나쁘냐'고 함부로 얘기하시는 것이 아니란 말씀입니다."

이렇게 쐐기를 박으면 사모님들께서는 입이 광주리만큼 크다 하신들 하실 말씀을 못 찾게 된다.

말의 맛은 음영과 뉘앙스에 있다

이렇듯 말과 표정의 조화는 중요하다. 한쪽의 말만 듣고 사정을 판단하면 오판하기 쉬운 것은, 바로 당시의 표정과 분위기를 미처 생각하지 못하기 때문이다.

말의 맛은 음영과 뉘앙스에 있다. 모름지기 말에는 음영이 있고 뉘앙스가 있어야 한다. 그래야 영양가가 있고 윤택

· 기지에 넘치는 화술은
마력의 힘을 발휘한다.

함이 있는 것이다.

다음은 《아라비안 나이트》에 나오는 이야기를 각색한 것이다. 말이 얼마나 중요하며, 재치있는 말이 어떠한 효과를 발휘하게 되는가를 깨닫게 해주는 이야기라서 여기에 소개하는 것이다.

남자는 여자의 말에 좌우되어서는 안 된다

페르시아의 후스라우 샤힌샤 왕은 생선을 매우 좋아했다. 왕의 식탁에는 항상 생선이 떠나지 않았다.

꽃 피고 새 우는 어느 화창한 봄날, 왕은 아름다운 왕비와 함께 온갖 꽃이 만발한 정원을 산책하고 있었다. 이때 한 어부가 신하를 따라 정원으로 들어와 왕 앞에 무릎을 꿇었다.

"임금님, 소인은 오늘 바다에 나갔다가 매우 크고 맛이 좋은 귀한 고기 한 마리를 잡았습니다. 시장에 내다 팔거나 소인처럼 천한 사람이 먹기에는 너무 아깝다는 생각이 들었습니다. 그래서 이렇게 가져왔으니 부디 받아주십시오."

갓 잡은 생선은 은빛 비늘을 반짝이며 커다란 쟁반 위에 놓여 있었다. 눈으로 보기에도 귀하고 맛있게 보이는 생선이었다.

"오오! 정말 진귀한 고기로구나!"

왕은 생선을 바친 어부의 마음이 갸륵했다. 그래서 어부를 크게 칭찬하고 즉시 신하에게 명하여 은화 4천 닢을 상으로 내리라고 했다.

왕의 이러한 처사를 지켜보던 왕비가 말했다.

"어부에게 상으로 그렇게 큰돈을 내리시다니⋯⋯. 잘못하셨습니다."

"어째서?"

"앞으로 마마께서 다른 사람에게 상을 내리실 때를 생각해 보십시오. 그때 만일 마마께서 같은 액수의 돈을 내리신다면 그 사람은 반드시 '임금님께선 어부에게 주신 돈만큼밖에 주시지 않는구나.' 하고 말할 것입니다. 또 그보다 적게 주면 '임금님께선 나를 업신여기셔서 어부에게 주신 돈보다 적게 주셨다.'고 할 것이 아니겠습니까?"

왕비의 말을 들은 왕은 고개를 끄덕였다.

"듣고 보니 왕비의 말씀에 일리가 있구려. 그러나 임금의 체통이 있지 어떻게 한번 준 돈을 도로 달라 할 수 있단 말이오. 만약 돈을 다시 회수한다면 백성들이 임금인 나에게 뭐라고 하겠소? 이젠 때가 늦었소."

왕비는 눈동자를 빛내며 빠르게 입을 열었다.

"그렇다면 신첩이 한번 어부에게서 돈을 찾아볼까요?"

"어떻게?"

"머리를 쓰면 되지요."

"왕비에게 좋은 생각이 있는 게요?"

"그렇습니다. 마마, 지금 당장 그 어부를 다시 불러 그 고기가 암컷인지 수컷인지를 물으십시오. 어부가 대답할 때 암컷이라 하거든 나는 수컷이 좋으니 도로 가져가거라 하시고, 수컷이라 하거든 암컷이 필요하다고 하십시오."

"음, 그럴듯하군."

이윽고 어부는 왕의 부름을 받고 궁정으로 들어왔다.

옥좌 위에 높이 앉은 왕은 위엄있는 목소리로 어부에게 말했다.

"이 고기가 수컷이냐, 암컷이냐? 그것이 궁금해서 너를 다시 부른 것이다."

어부는 순간적으로 왕이 무슨 까닭으로 그런 질문을 하는지를 깨달았다. 그와 동시에 번개처럼 뇌리를 스쳐가는 생각이 있었다.

어부는 마룻바닥에 입을 맞추고 대답했다.

"임금님, 이 고기는 자웅동체(雌雄同體)이옵니다. 한 몸에 자웅 양성을 갖추었으므로 수컷도 아니고 암컷도 아닙니다."

왕은 어부의 재치있는 대답에 호탕하게 웃음을 터뜨렸다. 그리고 신하에게 은화 4천 닢을 더 주라고 명령하였다.

곧 신하가 은화 8천 닢을 넣은 자루를 가져왔다. 어부가 상당한 부피의 그 돈자루를 어깨에 메려는 순간 은화 한 닢이 떨어져 도르르르 바닥을 굴렀다. 어부는 자루를 내려놓고 허리를 구부려 은화를 주웠다.

그것을 본 왕비가 차갑게 입을 열었다.

"마마, 보셨지요? 저 어부는 떨어진 은화 한 닢을 줍기 위해 어깨에 멘 무거운 돈자루를 내려놓고 허리를 굽혔습니다. 이곳에 있는 많은 신하들을 위해 은화 한 닢도 남기지 않겠다는 욕심이 지독하지 않습니까? 세상에서 보기 드물게 인색하고 비천한 근성을 가진 사람 같습니다."

왕비의 신랄한 말을 들으니 왕도 어부의 소행이 괘씸하게 여겨졌다.

"정말 왕비의 말이 옳소."

왕은 불같이 노하여 어부를 불렀다.

"너는 정말 인색한 놈이로다! 그렇게 많은 돈을 상금으로 받았건만, 그까짓 바닥에 떨어진 은화 한 닢을 줍기 위해 메었던 자루를 내리고 허리를 굽혔느냐? 다른 사람이 은화 한 닢을 가지는 것이 그렇게도 아깝더란 말이냐? 그렇게도 속이 쓰리더란 말이냐?"

어부는 침착한 목소리로 입을 열었다.

"오오, 임금님이시여! 소인이 은화를 주운 것은 결코 돈이 아까워서가 아닙니다. 이 은화의 한 면에는 지엄하신 임금님의 초상(肖像)이 새겨져 있고, 다른 면에는 임금님의 존함이 새겨져 있습니다. 만약 소인이 은화를 줍지 않아 혹 누가 그것을 모르고 밟는 일이 생긴다면 어떻게 되겠습니까. 그것은 곧 임금님의 존함이나 존영을 더럽히는 일이 아니겠습니까? 소인은 그것을 염려하여 한 닢의 은화를 주웠던 것입니다. 이러한 소인의 뜻을 통촉하옵소서."

이 말에 왕은 크게 탄복했다.

"너의 충정도 놀랍거니와 재치 또한 참으로 뛰어나구나. 과인을 거듭 탄복하게 만들었으니 다시 은화 4천 닢을 상으로 내리겠노라."

왕은 그 일로 크게 깨달은 바가 있어 온나라에 이러한 포고문을 내렸다.

"모름지기 대장부는 여자의 말에 좌우되어서는 안 된다. 여자의 충고에 귀를 기울이다가는 은화 한 닢을 잃을 뿐만 아니라 은화 두 닢을 더 잃을 것이다."

· 아는 체하는 자는 헤엄도 칠 줄 모르면서 헤엄칠 수 있다고 물속에 뛰어드는 자와 같다.

충고에 대하여

사람들은 왜 충고를 싫어할까?

지구상에서 인간처럼 복잡하고 미묘하고 흥미로운 동물이 또 있을까? 인간처럼 고르지 못한 동물이 또 있을까? 정답은 '없다'이다.

인간은 묘한 존재이다. 고등학교에서 교편을 잡고 있는 어떤 사람이 말했다.

"짜식들이 말을 들어 처먹어야지. 내가 쟤들 잘되라고 벌도 주고 나쁜 소리도 하는데, 그걸 고깝게 생각하고 선생인 나를 적대시하는 거야."

또 어떤 사람은 참으로 분통이 터진다는 표정으로 이런 말을 했다.

"내가 저를 위해 불륜관계를 청산하라고 충고했는데, 그 자는 고맙게 여기기는커녕 툭하면 내게 시비를 거는 거야. 사람이 왜 그럴까?"

또 다른 사람은 이런 말을 했다.

"상사가 잘못 생각하고 있는 것을 내가 바로 알려주었기 때문에 큰 실수를 면할 수 있었다. 그런데도 그는 나를 좋게 보지 않는다. 그 이유가 무엇인지 알 수 없다."

이것은 남들을 바보스러운 짓으로부터 지켜주려고 하는 사람들이 가지는 공통된 불만이다.

술이 과하면 건강을 해친다. 그런데 술이 과한 사람에게 술을 적당히 마시라고 말하면 싫어한다.

담배도 마찬가지이다. 애연가들에게 건강을 생각해서 담배를 끊으라고 하면 주제넘은 간섭이라고 생각한다.

도박은 패가망신의 지름길이다. 도박에 빠진 사람들에게 그 어리석은 짓은 그만둬야 한다고 말하면 역정을 낸다.

왜들 그럴까? 그 사람을 위해서 충언을 해주는데 왜들 싫어하는 것일까?

인간은 청개구리 심리를 가지고 있다

왜인지는 모르지만, 나쁜 짓을 하지 말라고 하면 더욱 하고 싶어진다. 반면에 공부를 하라고 하면 하려던 공부도 하

기가 싫다.

이것은 철없는 어린이나 반항심이 많은 젊은이들의 심리만은 아니다. 지각이 있는 어른들도 마찬가지이다.

어느 봄날의 일요일 아침, 필자는 집안의 대청소를 하려고 생각했다. 버릴 것은 버리고 치울 것은 치워야 한다는 생각은 벌써 오래 전부터 하고 있었다.

"오늘은 집안 정리 좀 하세요."

아침을 먹고 커피를 마시고 있을 때 아내가 말했다. 그날 필자는 집안 정리를 하지 않았다.

또 이런 일도 있다. 퇴근 후에 샤워를 하려고 하는데 아이들의 얼굴이 몹시 더러웠다. 씻겨야겠다고 생각하고 있는데 아내가 말했다.

"애들도 씻기세요."

필자는 고집을 피우며 한사코 아이들을 씻기지 않았다.

무엇을 하려고 생각하고 있는데 누군가 그것을 하라고 하면 갑자기 하고 싶은 마음이 싹 달아나버린다. 이런 것을 보면 인간의 심리는 참으로 청개구리이다.

아마도 이런 이유들 때문에 인간이란 동물이 복잡하고 미묘하고 흥미로울 것이다.

사람은 저마다 고르지 못하다

누군가로부터 충고를 들은 후의 반응은 크게 두 종류로 대별된다. 하나는 그 충고를 달게 받아들이고, 다른 하나는 쓰게 생각한다는 것이다. 과연 그렇구나, 생각하면서도 기분이 상하는 경우도 많다.

그래서 충고하는 것은 어렵고도 어렵다. 윗사람이 아랫사람을 충고하는 것도 어렵거니와, 아랫사람이 윗사람의 잘못을 지적하는 것은 더더욱 어렵다.

사람은 지적(知的)으로 고르지 못하며 도덕적으로도 고르지 못하다. 대범한 사람이 있고 소심한 사람이 있다. 직선적인 성격의 사람이 있고 내성적인 사람이 있다. 두뇌가 빠르게 회전하는 사람이 있고 둔한 사람도 있다. 그리고 사람들은 저마다 선호하는 기호와 스타일이 있다.

한 예로 미소나 유머가 통하지 않는 사람도 있다. 아무리 우스운 이야기를 해도 그들은 잔뜩 인상을 찌푸리고 마치 개가 짖어댈 듯한 표정으로 있다. 어쩌면 상냥한 미소와 재미있는 유머로 접근했던 땅 브로커에게 속아 조상 대대로 물려온 땅이라든가 돈을 날렸기에 그러는지도 모른다.

또한 의식적으로 미소 및 유머를 꺼리는 사람도 있다. 자기는 몹시 이지적이라든가 헤픈 사람이 아니라고 여기고 있는 사람들이다. 속으로는 우스워 죽겠는데도 죽을 힘을 다해 웃음을 참고 있는지도 모를 일이지만, 이런 사람들에게 유머러스하게 이야기를 하면 몹시 화를 낸다.

또 재치있는 말을 하는 사람을 신뢰하는 사람이 있고, 우직하게 말하는 사람을 신뢰하는 사람도 있다. 직언을 하면 용기가 있다고 생각하는 사람이 있는 반면에 '괘씸한 놈'이라고 생각하는 사람도 있다.

그래서 인간관계가 어렵다. 어느 한 가지 모범답안이 있어서 그 답안대로만 하게 된다면 좋을텐데, 불행하게도 그런 모범답안은 없다.

사교의 명수들은 이 사람은 만나면 이 사람과, 저 사람을 만나면 저 사람과의 관계하는 방법을 달리한다. 상대의 성격에 따라서 말과 행동을 다르게 하는 것이다. 비유해서 말하자면 여인에게는 보석과 속삭임을, 물고기에게는 지렁이를 가지고 상대한다는 것이다.

세상에는 인간과는 공생할 수 없는 짐승(?)도 살고 있다. 그들을 피하고 싶지만 도저히 피할 수 없는 경우도 있다. 특히 업무상 그들과 밀접한 관계를 맺고 있다면 죽고 싶도록 고통스러울 것이다. 그런 때를 대비해서 인간의 인격적 결함에 익숙해지는 것도 중요하다. 마치 매일 보아야 하는 추한 사물에 익숙해지는 것처럼.

칠현금을 집어던진 장님 악사

다음은 충고에 관계되는 삽화이다. 사람의 성격에 따라 어떤 방법은 통하고, 또 어떤 방법은 통하지 않는가를 짚어보는 것도 의미있는 일일 것이다.

《한비자(韓非子)》에 나오는 이야기이다.

어느 날 진(晉)나라 평공(平公)이 신하들과 함께 술을 들다가 말했다.

"군주된 자로서 제일 즐거운 일은 무슨 말을 하더라도 그 말에 거역하는 자가 없다는 것이지……."

평공은 이렇게 말하며 유쾌하게 껄껄거렸다.

이때 장님 악사(樂師) 사광(師曠)이 갑자기 손에 들고 있던 칠현금(七絃琴)을 평공을 향해 집어던졌다. 평공은 깜짝 놀라서 몸을 피했다. 그러자 칠현금은 벽에 '쾅!' 소리를 내며 부딪치면서 벽에 커다란 구멍을 냈다.

평공은 크게 노하여 고함쳤다.

"네 이놈! 지금 무슨 짓을 하는 게야?"

사광이 우렁우렁한 목소리로 대답했다.

"폐하, 방금 어리석기 짝이 없는 말을 지껄인 자가 있기에 금을 집어던졌나이다."

"뭐라고? 그 말을 한 사람은 바로 과인이었어."

이 말을 들은 사광은 매우 침통한 목소리로 입을 열었다.

"폐하, 그런 말씀은 농담으로라도 하실 말씀이 아닙니다. 더구나 만백성의 어버이가 되시는 폐하께서 어찌 그런 말씀을 입에 담을 수가 있습니까."

"……"

평공은 심히 부끄러워하였다.

이윽고 신하들이 벽에 생긴 구멍을 수리하려고 하였다. 그러자 평공은 손사래 치며 말했다.

"그냥 두어라. 그것을 보면서 과인은 항상 마음을 경계할 것이니라."

직언은 이래서 어렵다

평공은 현명한 군주였다. 그러기에 사광의 충고를 뼈아프게 받아들였다. 만일 현명하지 못했다면 사광은 목숨을 부지하기 힘들었을 것이다. 다음은 《사기(史記)》에 나오는 것으로 앞의 경우와는 상반되는 이야기이다.

중국 은(殷)나라의 마지막 임금은 주왕(紂王)이다. 그는 달기(妲己)라는 계집을 총애하여 주색을 일삼고 포학한 정치를 함으로써 인심을 잃어 주(周)나라의 무왕(武王)에게 멸망된 인물이다.

폭군의 대명사로 일컬어지는 그도 처음부터 폭군이었던 것은 아니다. 그는 지력(智力)과 기력(氣力), 담력과 완력이 모두 뛰어난 사람이었다. 그래서 한껏 오만해진 그는 자신을 능가하는 사람은 이 세상에서 아무도 없다고 생각했다.

그는 술을 좋아하고 정력 절륜(絶倫)의 쾌남아였는데, 경국지색(傾國之色) 달기를 만남으로 해서 주지육림(酒池肉林)에 빠져들었다.

그는 애첩 달기의 청은 무엇이든지 들어주었다. 연못을 술로 채워놓고 나무의 가지마다 주렁주렁 고기를 걸어놓았다(이것이 '주지육림'의 유래이다). 그런 다음 발가벗고 다니면서 마음 내키는 대로 연못의 술을 퍼 마시고 나무에 걸린 고기를 안주로 따 먹으면서 온갖 방탕한 짓을 일삼았다.

주왕이 정치에 통 관심을 보이지 않고 허구한 날 방탕한 생활을 하자 자연히 백성들은 도탄에 빠질 수밖에 없었다.

신하들은 걱정이 컸다. 그래서 주색을 멀리하고 정사(政事)를 돌보기를 간(諫)했지만, 간하는 사람은 지위 고하를 막론하고 포락지형(炮烙之刑)에 처했다.

그 형벌은 무섭고도 끔찍했다. 기름칠한 구리기둥을 숯불

위에 걸쳐놓고 죄인을 그 위로 건너가게 했다가 불로 달군 쇠로 온몸을 단근질했다. 죄인은 살이 타고 뼈가 익는 극심한 고통을 참지 못하고 비명을 질러대다가 숨이 끊어지는 것이었다.

그런 가혹한 형벌 때문에 신하들은 입을 꾹 다물었다. 주왕의 방탕은 날로 더해 갔다.

보다 못한 왕자 비간(比干)은 정면으로 대들어서 간했다. 간절하게 아버지인 주왕을 설득했다. 누가 보거나 말거나, 그리고 밤과 낮을 가리지 않고 간했다.

그날도 주왕은 주지육림에서 술을 마시고 있었다. 한 손에는 달기를 안고 다른 한 손에는 커다란 술잔이 들려 있었다. 나뭇가지에 매달린 먹음직스런 안주가 바람결에 흔들렸다.

주왕의 발갛게 충혈된 눈은 활활 불타오르고 있었다. 그는 항아리처럼 큰 술잔의 술을 벌컥벌컥 마신 후에 이를 빠드득 갈았다.

"그런 괘씸한 놈이 있나! 내 그놈을 꼭 발기발기 찢어 죽이리라."

주왕이 이렇게 분기탱천하는 데는 이유가 있었다. 주(周)나라의 발(發:후에 무왕)이 맹진(盟津)에서 800 제후(諸侯)들과 회합을 하고 불온한 일을 기도한다는 보고를 들었기 때문이었다.

주왕이 정수리까지 화가 치밀어 술을 마시고 있을 때 왕자 비간이 찾아와 다시 간했다.

"아바마마, 어찌 그러고만 계십니까? 아바마마께서 이러

고 계시는 동안 백성들은 이미 이반했고, 제후들의 움직임
도 예측할 수가 없게 되었습니다. 지금이라도 정신을 차리
지 않으시면 탕왕(湯王) 이후 면면히 이어온 우리 은왕조가
중대한 위기에 직면할 것이옵니다. 아바마마, 소자의 뜻을
부디 통촉하여 주시옵소서."

주왕도 그 정도의 일을 알지 못하는 암군(暗君)은 아니
었다. 천하의 움직임을 낱낱이 알고 있었다. 그리고 자신의
소행에 대해서도 모르는 바가 아니었다.

그러나 주왕은 간하는 소리가 싫었다. 사실 방탕한 생활
이 근엄한 생활보다 백 배 재미있었다. 비록 그것이 윤리와
도덕에 저촉되는 나쁜 일이었지만, 퇴폐적인 재미가 있는
것은 부정할 수 없었다.

윤리와 도덕을 무시하는 사람도 마음 한구석에는 그것을
지키지 못하는 것에 대해서 죄책감은 느끼는 법이다. 주왕
이라고 해서 예외일 수 없었다.

그런데 아들이 정면으로 잘못을 지적해 오고, 더구나 그
것도 자주 하니 주왕은 몹시 감정이 상했다.

주왕은 아들 비간이 간하는 말을 듣고 울화가 치밀어올라 참을 수가 없었다. 술잔을 비간에게 던지며 벽력 같은 고함을 쳤다.

"이놈! 네놈의 그 성인군자 같은 낯짝을 보기만 해도 구역질이 치민다. 과인이 추태를 부릴수록 너는 의연한 태도를 취하는구나. 네놈은 마음속으로 과인을 저주하며 비웃고 있겠지?"

"아니옵니다, 아바마마! 제발 고정하십시오. 소자는 아바마마와 이 나라의 억조창생을 위하여 고언을 드리는 것입니다."

비간은 울면서 아뢰었다.

"과인과 억조창생을 위한 고언이라고?"

"그러하옵니다."

"시끄럽다! 교활한 놈 같으니라구. 알고 보면 과인이 이처럼 술을 마시고 호색하기 때문에 네놈이 군자가 된 것이다."

주왕은 다시 주지(酒池)에서 술을 한잔 퍼서 단숨에 마신 후에 차갑게 입을 열었다.

"은나라는 과인의 나라다. 이 나라가 어떻게 되든 네놈하고는 상관이 없어. 너는 지금까지 줄곧 아비를 비웃고 간단없이 간했으렷다! 그런 대접을 받은 과인의 은나라이니 이제 망하든 멸하든 과인은 아랑곳하지 않을 것이다."

주왕은 육림(肉林)에서 안주 하나를 따서 와작와작 씹으면서 말했다.

"아참, 너 같은 성인군자의 심장에는 일곱 개의 구멍이 있다고 하더라. 성인인 척하는 네놈의 심장에도 틀림없이 일곱 개의 구멍이 있겠지?"

"아바마마……!"

비간은 사색이 되어 주왕을 올려다보았다. 주왕은 흰 이빨을 드러내고 잔인하게 웃으며 시니컬하게 입을 열었다.

"보고 싶도다! 성인의 일곱 개의 구멍을. 네놈이 간언을 하는 대신 그것을 보여주는 것이 진짜 효도가 아니겠느냐?"

"아바마마, 고정하시옵소서!"

"고정? 으하하하……."

주왕은 배를 움켜잡고 미친 듯이 웃다가 고함쳤다.

"여봐라! 당장 저놈의 목을 치고 심장을 갈라라!"

비간의 목은 힘없이 떨어졌다. 수왕은 광인처럼 번쩍거리는 눈으로 아들의 심장을 들여다보았다.

충고를 하는 사람의 자세

대부분의 사람은 충고를 좋아하지 않는다. 그것은 잘못된 일에 대한 지적이기 때문이다. 앞에서 이미 언급했지만, 사람은 자기의 잘못된 습관이나 행위 등에 대하여 타인으로부터 지적을 당하면 우선 반감부터 품는다. 당연히 고맙게 생각해야 하는데, 고마워하기는커녕 반감을 품는 것이다.

"다 너를 위해서 하는 소리다."

말이야 천만 번 맞는 말이지만, 주제넘은 간섭을 하는 입을 인두로 지져버리고 싶은 것이다.

· 사람들은 누구나 충고를 싫어한다.

그리고 충고를 하는 사람의 자세는 어떠한 경우라도 신중해야 한다. 자칫 소홀히 하면 우등한 인간이 열등한 인간을 꾸짖는 인상을 남기게 되기 때문이다.

"사람은 그 장점에 의해 죽음을 당하는 일이 적지 않다."

묵자(墨子)의 말이다. 이 말을 충고의 경우에 적용시킨다면, 잘난 사람이 못난 사람의 결점이나 무능함을 지적함으로써 그 스스로는 장점을 자랑하는 결과를 빚는 것이다. 위에서 예로 든, 정면으로 간하다가 아버지에게 죽음을 당한 비간의 경우가 그것을 잘 설명해 주고 있다.

《채근담》은 이렇게 말하고 있다.

"남의 결점은 가급적 덮어주지 않으면 안 된다. 함부로 들추어내면 결점을 가지고 결점을 나무라는 격이 되어 아무런 효과도 거둘 수 없다. 완고한 인간에 대해서는 끈기있게 설득해야 한다. 감정적으로 대하는 것은 완고를 가지고 완고를 대처하는 것과 같아서 풀려나가던 대화까지도 뒤엉켜 맺히게 된다."

병법서 《손자(孫子)》에 이르기를, '위사(圍師)에는 반드시 궐(闕)하라'는 전략이 있다. 적을 포위했을 때에는 완전포위를 피하고 도망갈 길을 열어두라는 말이다.

막다른 골목까지 쫓기면 쥐도 고양이에게 덤벼드는 법이다. 이와 같이 상대를 도망갈 길이 없을 정도로 몰아붙이면 반드시 반발을 사게 되어 예기치 못한 결과를 가져올 수도 있는 것이다.

충고를 하는 것——참으로 어렵고도 힘든 일이다. 그러나 번연히 나쁜 일을 보고서도 입을 다물 수는 없는 일이다.

사람의 성품에 따라서 적당한 방법으로 지혜롭게 충고해야 한다. 충고를 하거나 누군가를 야단칠 때 특히 주의해야 할 점은, 어떠한 경우라도 도망갈 구멍을 조금 남겨둬야 한다는 점이다.

말하는 것이 어려운 이유

고전의 향기

독자로 하여금 많이 생각하게 만드는 책이 양서(良書)이다. 혹자는 양서를 찾을 수 없다고 한탄하지만 세상에는 양서가 참으로 많다. 평생을 서재에 틀어박혀 책만 읽다 죽더라도 다 못 읽을 만큼 양서가 산적해 있다.

필자는 어느 책보다 고전(古典)을 즐겨 애독한다. 고전에는 인류의 지혜가 집대성되어 있다. 또한 시대를 앞서간 수많은 사람들의 검증을 거쳐 현대에 이르른 것이기 때문에 그 내용을 의심할 여지가 거의 없다. 고전 중의 어느 책을 집어들고 읽더라도 실망하는 일은 적다.

고전을 잘 읽으면 사람이 보이고 세상이 보인다. 그리고 수백년, 수천년 전에 씌어진 책이 현실상황과 어쩌면 이렇게도 부합될 수 있는가를 보고 그 심오함에 절로 고개가 숙여진다.

구식이라고 해서 무시할 것은 하나도 없다. 플루타르크의 《영웅전》이나 플라톤의 《국가론》, 초서의 《캔터베리 이야기》, 손자의 《손자병법》, 마키아벨리의 《군주론》, 다산 정약용의 《목민심서》를 비롯한 수많은 고전을 읽어보면, 그들이 비록 현대에 살고 있지는 않지만 오늘날 최고의 지성인들에게 필요한 덕목을 두루 갖추고 있음을 알 수 있다.

한비자

필자가 아끼는 책 중의 하나가 《한비자(韓非子)》이다. 전국시대 한(韓)나라 사람 한비(韓非;기원전 232)가 쓴 책으로 모두 55편 20권에 이르는 방대한 저서이다.

이 책은 인성과 세계에 대한 인식을 근거로 군주의 통치술을 논하고 있다. 인간은 기본적으로 이기적이고 세상도 끊임없이 변화하므로 군주는 시세에 즉시 대응하는 방법을 배워야 하는데, 특히 인간의 선한 면만을 강조한 유가(儒家)나 묵가(墨家)의 주장은 공론에 지나지 않는다고 하였다.

그의 문장은 치밀하고도 심절(深切)하고, 직절명쾌(直截明快)하다.

제1권의 〈난언(難言)〉 편에 기술한 '사람의 말'에 대한 그의 견해는 폐부를 찌른다.

듣는 쪽에서 확고한 태도를 갖지 않으면 안 된다

신(臣) 한비는 결코 의견을 말하기를 두려워하지 않습

· 화술이 너무 유창하고 막힘이 없는 사람은
믿음성이 부족하다.

니다. 그러나 주저하며 경솔하게 말하지 않는 것은 듣는 쪽
에서 확고한 태도를 갖지 않으면 안 된다고 생각하기 때문
입니다.

대체로 말하고 싶은 바를 말한다는 것은 그다지 어려운
일은 아니지만, 듣는 쪽에서 오해한다든가 혹은 지나친 비
약을 하는 경우가 있습니다. 그렇기 때문에 애써 열심히 말
한 것도 듣는 사람의 마음속에 스며들지 못하는 폐단이 있
는 것입니다.

이를테면, 말이 상대의 마음에 거슬리지 않고 유창하며
질서정연하고 조금도 어지럽지 않을 때는 그럴듯하여 재미
는 있지만, 마치 꽃은 피워도 열매를 맺지는 못하는 격으로
실속이 없는 것입니다.

이 경우에는 말을 지나치게 잘하기 때문에 그다지 믿음이
가지 않는다는 데 난점이 있습니다. 때문에 지나치게 유창
한, 혹은 순서가 정연한 말은 도리어 사람의 마음을 움직이
게 할 수 없는 결과가 되는 것입니다.

다음은 그 내용이 견고하여 빈틈이 없고, 어느모로 보아도 결점이 없는 말은 옹졸하고 조리가 없게 됩니다. 이치는 그럴듯하지만 아무래도 좀 졸렬한 표현이므로 이 또한 쉽사리 사람의 마음을 파고들 수가 없습니다. 따라서 좀더 조리 있게, 듣는 사람이 알아듣기 쉽도록 설명하지 않으면 안 되는 것입니다. 이 경우는 지나치리만큼 재치가 없다는 비난을 받으며, 따라서 사람의 마음을 움직이게 한다는 것은 어려운 일입니다.

말에 꾸밈이 많고 옛사람의 말을 많이 인용하며, 사례를 잇달아 들어 다른 것과 비교해서 말하면, 듣는 이로서는 알기 쉽지만, 이는 내용이 공허하여 실용성이 없다고 생각하게 됩니다.

이렇게 되면 애써 설명을 했어도 듣는 이는 모든 말을 신용하지 않는 결과가 됩니다.

이와 반대로 대체의 요점만을 말하고 말을 꾸미지 않는다면, 다시 말하여 골자만 간추려 이야기하고 그 이외의 설명은 모두 생략한다면 이 또한 유쾌하게 들릴 리가 없습니다. 이렇듯 말이 지나치게 솔직·간략하면 결국 듣는 이의 감정을 건드리게 되며, 화술이 빈약하다는 말을 듣게 될 것입니다.

또 듣는 이의 마음을 잘 살펴 그럴듯하게 설명하면 상대방은 자기의 마음속을 환히 꿰뚫어본다고 생각하여 도리어 불쾌감을 갖고 건방지다고 생각하게 됩니다.

그러므로 군주(君主)의 심중을 헤아려 말할 때에는 자칫 불손한 자로 오해받기 쉬우므로 좀더 예의를 갖추고 공손한 태도로 설명하지 않으면 안 되는 것입니다.

또 범위가 넓은 여러 가지 고금의 사실을 늘어놓는다든지, 혹은 여러 가지 학설을 말하여 그 내용이 너무 방대하고 깊어서 헤아릴 수 없다면, 듣는 쪽에서는 말이 과장되어 있을 뿐 실용성이 없다고 생각하게 됩니다. 듣는 사람이 이렇게 생각한다면 아무리 애써 설명을 해도 그 말은 받아들여지지 못합니다.

변설(辯舌)이 민첩·비상하여 자질구레한 말까지 논의하고 구체적인 예시를 들어 설명할 경우, 곧 졸렬하고 야비하다는 말을 듣게 됩니다. 이것은 자상하여 적절하기는 하지만 너무 얕아서 심오한 맛이 없습니다. 따라서 이 경우에는 신경을 써서 들을 만한 가치가 없다고 생각될 우려가 있는 것입니다.

한편 세속적인 것만 말하고, 그 말이 패악하거나 불손하지 않아 남의 비위에 거스르지 않는, 다시 말하자면 보통 사람이 들어도 그럴듯하다고 생각되는 일만을 설명한다면 그는 남다른 이상도 없고, 또 식견도 없는 자가 되고 마는 것입니다. 단지 자기의 생활을 풍족하게 하기 위하여 위에 아첨하고 그럭저럭 일생을 즐겁게 지내면 된다는 식의, 극히 속된 생각을 지닌 사람으로 간주되어 상대방에게 존경심을 불러일으킬 수가 없습니다.

또 변설에 능하여 누가 들어도 그럴듯한 말만 늘어놓고 그 말에 꾸밈이 많아 사람이 들어서 기분 좋은 소리만 주로 한다면, 마치 사관(史官)처럼 말 많은 사람이라는 평판을 듣게 될 것입니다.

또 일체의 꾸밈을 버리고 외곬으로 말을 엮어 진지하게만 설명하면 야비하여 조금도 우아한 멋이 없는 것입니다.

《시경》이나 《서경》 등에 있는 옛 성현의 말을 인용하며 무조건 그 가르침을 본받아야 된다는 식으로만 설명해 나간다면, 그 사람은 단지 옛일을 외우고 있을 뿐이라는 말을 듣게 됩니다. 즉, 많은 것을 알고 있지만 지금 세상과는 전혀 관계없는 것만을 말하고 있는 꼴이 됩니다.

이것이 신 한비가 함부로 말하는 것을 두려워하고, 어떻게 하면 나의 진정이 받아들여질까 하고 항상 근심하는 이유입니다.

이 얼마나 날카로운 지적인가. 사실 대화를 할 때 말을 조리있게 하는 것도 중요하지만 잘 듣는 것도 말하는 것 이상으로 중요하다.

사람을 설득하는 것은 어렵다

일상에서 흔히 경험하는 일이지만, 나는 그런 뜻으로 말하지 않았는데 상대방은 곡해해서 들음으로써 곤란한 일을 당할 때가 있다. 또 말이 안 통하는 사람도 있다. 아무리 설명하여도 말귀가 무딘 사람도 있다.

한비의 지적처럼 화술이 너무 유창하고 막힘이 없는 사람을 만나면 어쩐지 믿음성이 부족하다. 또 딱딱 할말만 하는 사람은 어쩐지 인간미가 결여되어 있는 것 같고 까다롭게 여겨지는 것도 사실이다.

말이 너무 많은 것도 좋지 않지만 말이 너무 없는 것도 재미없다. '웅변은 은이요 침묵은 금'이라는 말이 있지만, 이 것은 보편적인 진리를 얘기한 것이고 일상생활에 있어서 누 군가가 침묵으로 일관하고 있으면 그 주위사람은 몹시 답답 해진다.

　모든 것을 알고 있는 것처럼 대화를 독점하는 사람도 피 곤하고, 전문용어나 외래어를 섞어 씀으로 해서 지식이나 교양을 은근히 자랑하는 사람도 역겹다.

　한비는 계속 말하고 있다.

　마치 저울이나 자로 재듯이 한 치의 착오도 없이 설명 한다 해도 반드시 그 말이 채용되리라고 단언할 수는 없습 니다. 또한 도리상으로 말하면 조금도 결점이 없는 변설(辯 說)이라 하더라도 반드시 쓰인다고 할 수는 없습니다.

　만약 군주된 사람이 지혜롭고 현명하지 못하여 진정으로 그 나라를 위하는 사람의 말을 믿지 않는다면 반드시 그 설 득자의 몸에 화가 미칩니다. 그는 적어도 남의 참소를 받을 것이며, 잘못하다가는 재해와 근심이 미치어 그 몸이 죽음 에 이르게 될 것입니다.

　오자서는 나라를 위하여 숙고 끝에 좋은 의견을 진언했으 나 도리어 오(吳)나라의 군주 부차(夫差)의 노여움을 사서 죽 임을 당했습니다.

　공자(孔子)도 많은 사람을 위하여 도를 설파했지만 광(匡) 나라 사람들은 그를 포위하여 궁지에 몰아넣었습니다.

　관중(管仲) 역시 현명했으나 노(魯)나라는 그를 감금했습 니다.

설명하자면 오자서나 공자나 관중이 어찌 어질고 현명하지 않았겠습니까마는 오의 군주, 광나라 사람들, 노나라 군주라는 사람이 밝지 못했던 까닭에 이러한 재난을 당했던 것입니다.

옛 은(殷)나라의 시조 탕왕(湯王)은 지극한 성인이었으며, 재상 이윤(伊尹)은 나라에서 지혜가 가장 뛰어난 사람이었습니다. 이 최고의 지자(智者)가 최고의 성인인 탕왕을 설득하여 그 뜻을 펴보려고 했으므로 당장 의기가 투합했을 법한데, 실상은 그렇지 못했습니다. 이윤은 무려 70회에 걸쳐 설득했지만 탕왕이 받아들이지 않았던 것입니다.

그리하여 이윤은 할 수 없이 요리솜씨를 익혀 훌륭한 요리사가 되어 접근했습니다. 그제서야 탕왕은 이윤이 현자임을 알고 등용했던 것입니다.

이상의 예에서도 알 수 있듯, 최고의 지혜로써 지극한 성인을 설득한다 하더라도 반드시 설득되는 것은 아닙니다. 하물며 상대가 어리석은 왕이라면 그 왕에게 자기의 참뜻을 인정받는다는 것은 여간 어려운 일이 아닙니다.

한비는 어리석은 사람에게 간하여 설득하는 일이 얼마나 위험하고 힘든 일인가의 사례를 구체적으로 열거한 후에 이렇게 글을 끝맺고 있다.

사람의 충심에서 우러난 말은 귀에 거슬리는 법이고, 들으면 마음이 유쾌하지 않기 마련입니다. 그러므로 지극히 어진 군주가 아니면 바로 듣지를 못합니다. 그렇기 때문에 군자는 말함을 두려워하여 경솔하게 말하지 않는 것입니다.

　한비는 지금으로부터 약 2천 년 전의 사람이다. 그의 말이
케케묵어 현실과는 전혀 동떨어진 이야기라고 생각하는가?
　아니다. 그의 사상은 오늘날에도 변함없는 그대로이다.
옳은 소리를 하면 오히려 미움받는 경우가 많고, 어리석은
사람에 대한 충고나 설득은 역시 어렵다. 그러기에 인간관
계가 어렵고, 말을 신중하게 가려서 해야 하는 것이다.

・사람은 그 장점에 의해
죽음을 당하는 일이 적지 않다.

어느 군졸의 지혜

덕원군은 바둑을 몹시 잘 두어 흔히들 국수(國手)라 불렀다. 그는 워낙 바둑을 좋아하여 신분의 높고 낮음을 가리지 않고 상대를 했다.

어느 날 초라한 모습의 군졸이 말을 끌고 와서 말했다.

"대감께서 바둑을 잘 두신다기에 소인이 감히 내기 바둑을 둘까 해서 왔습니다."

"그대는 누구인고?"

"저는 시골에 사는 군졸인데 이번에 일이 있어 한양에 왔습니다만, 대감께서 바둑을 잘 두신다는 소문을 듣고 실력을 한번 겨루어 보고 싶어서……."

"좋다. 한 번 겨루어 보자꾸나."

바둑을 두기 전에 군졸이 말했다.

"저는 가진 거라곤 말밖에 없습니다. 제가 지면 말을 내놓겠습니다.”

“좋도록 하게나. 내가 지면 자네에게 한 달 먹을 양식을 주지.”

“영광입니다.”

이렇게 하여 덕원군과 군졸은 내기 바둑을 두게 되었는데 결국에 가서 덕원군이 이겼다.

군졸은 머리를 조아리며 말했다.

“소인이 도저히 당할 수가 없습니다. 약속대로 말을 두고 가겠습니다.”

“약속은 그렇게 했으나 난 괜찮으니 말을 가져가게나.”

“무슨 말씀입니까. 아무리 상것이라도 약속은 지켜야죠. 그 대신 다음에 다시 한 번 기회를 주십시오. 그땐 제가 이겨 반드시 말을 찾아가겠습니다.”

“좋네, 언제라도 오게나.”

며칠이 지난 어느 날, 말을 잃은 그 군졸이 찾아와 다시 한 번 내기 바둑을 두자고 했다.

쾌히 허락한 덕원군은 가벼운 마음으로 대국을 했는데, 어떻게 된 일인지 전번과는 달리 도저히 당할 수가 없었다. 세 판을 내리진 덕원군은 일전에 받은 말을 도로 내주며 물었다.

“이제 보니 자네 바둑 실력이 보통이 아닐세그려. 내가 도저히 당해낼 수가 없구먼. 그런데 어째서 지난번에는 그렇게 맥없이 졌는고?”

군졸은 웃으며 대답했다.

“실은 소인이 한양에 볼일이 있어 말을 끌고 왔습니다만 여비가 모자라 말을 먹일 수가 없었습니다. 그래서 대감댁에 와 내기 바둑을 두어 일부러 진 다음 말을 맡긴 것이지요. 이제 일을 마치고 돌아가게 되었기에 제 말을 찾으러 온 것입니다. 그동안 소인의 말을 돌보아주셔서 감사합니다."

덕원군은 군졸이 괘씸했으나 한편으로는 그 기지가 놀라워 말과 더불어 후한 상을 내렸다.

사람에게 가장 무서운 것은 행운·행복의 결핍이 아니라, 지혜의 결핍이다.

〈카알라일〉

사람을 움직이는 최상의 방법

✻

모든 사람은 타인 속에
자기의 거울을 가지고 있다.
그 얼굴에 의하여 자기 자신의 죄악이며
결점을 똑똑히 비추어 볼 수가 있다.
그러나 우리는 대개가 이 거울에 대하여
개와 같은 행동을 하고 있다.
거울에 비치는 것이 자기가 아니라
다른 개라고 생각하고
짖어대는 것이다.

— 쇼펜하우어 —

위기를 모면한 재치

아인슈타인 박사가 상대성이론을 발표하여 세계적으로 이름을 떨치자 미국 여러 대학에서 강연을 부탁했다. 박사는 바쁜 와중에도 뿌리치지 않고 이대학 저대학을 다니며 강연을 했다.

30회 이상의 강연을 거친 어느 날, 전속 운전사가 박사에게 장난스럽게 이런 말을 했다.

"박사님, 저도 벌써 30번이나 상대성원리에 대한 강연을 들었기 때문에 이제는 모두 암송할 수 있게 되었습니다. 박사님은 연일 강연하시느라 피로하실 텐데 다음번에는 제가 박사님의 양복을 입고 강연하면 어떨까요?"

그러자 박사는 무슨 생각이 들었는지 선선히 그 말에 응했다. 다음 대학에 도착하기 전에 둘은 옷을 바꿔 입었다. 이때부터 박사가 운전하고 뒷자석에는 운전사가 앉았다.

가짜 아인슈타인 박사의 강연은 훌륭했다. 말 한마디, 표정의 움직임까지도 진짜 박사와 흡사했다. 성공적으로 강연을 마친 가짜 박사는 많은 박수를 받으며 연단에서 내려오려고 했다.

이때 문제가 생겼다. 첫눈에도 상당히 학식 있는 교수처럼 보이는 사람이 질문을 한 것이었다.

가슴이 쾅하고 내려앉은 것은 가짜보다 진짜 박사 쪽이었다. 운전사 복장을 하고 있으니 나서서 질문에 답할 수도 없는 일이었다. 정말 난처하기 이를 데 없었다.

그런데 단상의 가짜 박사는 조금도 당황하지 않았다. 빙그레 웃으며,

"그 질문이라면 아주 간단합니다. 그 정도는 제 운전사가 답할 수 있습니다."

하고 말한 후에 진짜 박사를 향해 소리쳤다.

"여보게, 이분의 질문에 대하여 어서 설명해 드리게나."

진짜 박사는 안도의 숨을 내쉬면서 설명을 마쳤다.

재치있게 지껄일 수 있는 위트도 없고, 그렇다고 해서 침묵을 지킬 만큼의 분별력도 가지지 못한다는 것은 커다란 불행이다.

〈라 브뤼에르〉

제7장

상대에 따라 그 법을 달리하라
法

어느 날 자로(子路)가 스승인 공자(孔子)에게 물었다.

"스승님, 가르침을 받으면 그 즉시로 실행하여야 합니까?"

공자는 고개를 가로저으며 대답했다.

"아니다. 부형(父兄)이 있으니 그 부형과 상의하지 않고 실행하면 못쓴다."

다음날 염유(冉有)가 물었다.

"스승님, 가르침을 받으면 그 즉시로 실행해야 합니까?"

공자는 크게 고개를 끄덕이며 대답했다.

"그렇다. 즉시로 실행하여라."

한 제자가 의아하게 생각하고 공자에게 물었다.

"스승님, 스승님의 말씀이 몹시 혼란스럽습니다."

"무엇이 혼란스럽다는 것이냐?"

"자로가 물었을 때 스승님께서는 '부형과 상담하라.'고 하셨습니다. 똑같은 질문을 염유가 물었을 때 스승님께서는 '즉시로 실행하라.'고 하셨습니다. 같은 질문인데 스승님의 대답이 틀린 것은 납득할 수가 없습니다."

공자는 웃으며 입을 열었다.

"그건 이런 이유에서이다. 자로는 성격이 적극적이어서 남의 일까지도 하려고 하므로 고삐를 잡아당긴 것이다. 그러나 염유는 생각이 너무 깊어서 채찍을 가했던 것이야. 모든 일은 그 상대를 보아 그 법(法)을 설명해야 하는 것이니라."

《논어(論語)》에 나오는 이야기이다.

중국 고전이 지니고 있는 큰 특징의 한 가지는, 사회생활을 해나가는 데 있어 여러 유형의 인간관계에 어떻게 대처하느냐 하는 방법을 여러 가지 각도에서 해설하고 있다는 점이다.

사람은 저마다 비슷하면서도 다르다. 전술했던 바와 같이 도덕적으로도 지적으로도 다르다. 그래서 어떤 현상에 대한 반응도 각자가 다를 수 있다.

예로부터 오늘에 이르기까지 인간관계는 언제나 요긴한 문제였다. 좋은 인간관계를 하기 위해서는 먼저 인간성을 알아야 한다. 여기서 잠시 인간성에 대해서 이야기하고 넘어가기로 하자.

사람에 대해서 알려면 우선 그 사람의 목표를 알아야 한다. 여기서 말하는 목표란 그 사람이 입으로 떠드는 목표가 아니라 그 사람이 걷고 있는 목표이다.

한 인간의 기준이나 이상은 주로 목표에서 생긴다. 그리고 그 사람이 어떠한 인물인가는 그 사람이 자기를 위해 정해 놓은 목표에 의해서 결정된다.

최고가 아니면 만족하지 못하는 사람이 있다. 대체로 이런 유형의 사람은 목적을 위해서 수단을 가리지 않는다.

반면에 부평초처럼 흔들흔들 사는 사람들도 있다. 남의 도움이나 동정으로 살아가는 사람들이 그들에 해당된다.

이러한 극단적인 두 유형의 사람은 각별히 경계하지 않으면 안 된다.

그러나 대부분의 사람은 적당한 정도에서 만족하고 있다. 다만 죽는소리를 한다거나, 꿈을 꾼다거나, 때로는 음모를 꾸미거나 하는 사람도 많다. 인류와 사회를 위하여 무엇인가 도움을 주고 싶다고 생각하고 있는 사람은 아주 극소수이긴 하지만 있긴 있다. 누구나 슈바이처 박사나 나이팅게일을 기억할 것이다.

그러나 아무리 정당하다고 해도, 아무리 엉뚱하다고 해도, 또한 아무리 신분이 높거나 낮아도 사람을 알기 위해서는 그 사람의 목표를 알지 않으면 안 되는 것이다.

그렇다면 어떻게 하여야 사람의 목표를 발견할 수 있는가? 시간을 두고 유심히 지켜보는 방법밖에 없다.

인간관계의 문제점의 하나는, 사람들은 누구나 언제까지나 같은 곳에 가만히 있지 않는다는 점이다. 또 하나는 눈에 보이는 표면적인 것으로 그 사람의 모든 것을 올바르게 판단할 수 없다는 점이다.

이왕이면 창덕궁, 같은 값이면 다홍치마라는 말이 있다. 이왕 택할 바에야 나은 쪽을 택하고, 같은 값이면 보기 좋은 쪽을 택하게 되는 것이 우리 인간이다.

그래서 세상은 겉모습이 보기 좋은 사람이 그렇지 못한 사람에 비해 유리하다. 고용주는 용모가 단정하고 능력있는 사람을 채용하려고 한다. 능력면에서는 이 사람도 좋은 것 같고 저 사람도 괜찮은 것 같을 때 십중팔구 잘생긴 쪽을 채용한다. 그런데 정작 채용한 사람은 허깨비이고 채용하지 않은 사람이 다른 회사에서 탁월한 능력을 발휘하게 되는 경우가 많다.

왜 이렇게 속 쓰린 결과가 나오는가. 모든 사람들이 목표를 달성하는 데에 필요한 자질을 가지고 있다고는 말할 수 없기 때문이다.

시작하기 전까지는 용이하게 보이는 것이 있다. 예컨대 미술관의 그림을 보고 자기도 똑같이 그릴 수 있다고 생각하는 일이 있다. 어느 책을 읽고는 자기도 그것보다는 잘 쓸 수 있다고 생각하는 경우도 있다. 그러나 실제로 조금 해보면 대부분의 사람들은 자기로서는 도저히 할 수 있을 것 같

지 않다는 것을 깨닫는다.

그들에게는 인내가 부족하다. 성공한 사람의 거의 대부분은 보통 사람들이 즐기거나 잠자고 있는 동안에 몇 년간이고 지루한 노력을 해왔었다.

발명왕 에디슨이 전기를 발명할 때 이런 일화가 있다. 거듭 실패만 하는 에디슨을 곁에서 지켜보던 친구가 딱하게 생각하고 이렇게 물었다.

"이번이 몇 번째 실패인가?"

"응, 9,999번째이네."

"그만 했으면 안 된다는 것을 깨달았을 것이 아닌가?"

친구의 이 말에 에디슨은 빙그레 웃었다.

"자네 말이 맞네. 나는 이제까지 9,999번의 안 되는 방법을 알았네. 그러니 이제는 안 되는 방법을 피하여 다른 방법으로 접근할 수 있게 되었네."

전하는 이야기로는 에디슨이 9,999번의 실패를 끝으로 만번째에 전기를 발명했다고 한다. 이 이야기는 좀 과장되어

진 것이 분명하겠지만, 어쨌든 헤아릴 수 없을 정도의 실패
를 반복했을 것이 분명하다.

이렇듯 큰 업적을 남긴 사람들은 성공할 때까지 몇 번이
고 실패했으나, 그때마다 출발점으로 돌아가 다시 했었다.

인간의 적성은 천부적인 것에 영향을 많이 받지만 양친의
기대, 집단의 압력, 사회의 영향력, 개인의 경험이나 판단
따위의 여러 가지 요소에 의해서 결정된다. 그리고 그것은
어릴 적부터 조금씩 싹을 드러낸다. 보편적으로 어떤 분야
에 조금은 뽐낼 수가 있게 되고, 만족감을 맛보았던 것은 오
래 계속된다.

네 자매를 둔 어느 가정의 부모는 아이들이 여섯 살이 되
면 피아노를 배우게 했다. 세 아이는 실력이 그리 진척되지
않아 중도에서 그만두었다. 그러나 넷째아이는 꾸준히 계속
하여 훌륭한 피아니스트가 되었다.

왜 같은 자매인데 이런 결과가 나왔을까? 그것은 넷째아
이가 천부적인 재능을 타고났다고 말하는 사람도 있을 것
이다. 물론 일리가 있는 말이다. 그렇지만 필자는 다른 각도
에서 이것을 생각해 보고 싶다. 즉, 넷째아이가 피아노를 배
웠던 환경을 짚어보자는 것이다. 그러면 아이가 피아노에
흥미를 가질 수 있었던 요소를 분명히 찾을 수 있을 것이다.

첫째아이는 피아노 선생님이 마음에 들지 않았는지도 모
른다. 둘째아이는 피아노를 잘 치는 다른 아이들과 함께 배
웠기 때문에 열등감을 느꼈는지도 모른다. 그 당시 셋째아
이의 관심은 다른 곳에 쏠려 있었을 경우도 있다.

언니들과는 반대로 넷째아이의 환경적인 요소는 좋았을

것이다. 피아노 선생의 교습법이 뛰어났을 경우도 있다. 다른 아이들에 비해 진도가 빨랐을 경우도 있고, 또 다른 이유가 있었을 수도 있다.

여기서 중요한 점은, 본래 인간이란 칭찬받거나 남보다 조금이라도 뛰어날 수 있는 일을 반복하게 된다는 사실이다. 따라서 넷째아이는 누구보다도 빨리 피아노를 치는 것에 만족감을 느껴 다른 사람한테서 칭찬을 받을 만큼 숙달되었을 것이다.

또 다른 예로 사기나 속임수를 상습적으로 하고 있는 일을 생각해 보자. 소년시절부터 그는 사기나 속임수에 의해서 자기가 필요로 하는 것을 얻어왔다. 그는 선천적인 재능을 연습에 의해 단련하고, 드디어 고도의 기술을 습득했다.

마침내 그는 자기 자신의 과거의 나쁜 행동을 고백하고 갱생의 기회를 부여해 달라고 호소하는 교활한 방법으로 사람을 속인다.

그는 이미 지금에 와서는 정직하게 살면서 성공하는 방법을 모른다. 그러므로 그와 같은 짓을 되풀이해서 한다.

또한 남을 속이거나 남의 동정에 호소해서 자기가 필요로 하는 것을 얻어내는 방법을 알았던 사람이 있다. 그런 사람은 아이 때에 운다거나, 화를 낸다거나 하는 것으로 그것을 배웠다. 나이를 먹고 경험을 쌓아감에 따라서 그 솜씨도 숙련되었다. 지금은 남을 속인다거나 감언으로 달랜다거나 하여 남과 사귀고 있다.

이와 같은 사람은 진지하게 남과 사귀려 하지 않는다. 그들은 자기 감정을 기쁘게 하는 데만 흥미를 가지고 있다. 자

· 언제나 남을 지배하고 싶어하는
사람은 아첨을 좋아한다.

기의 실패를 다른 사람의 탓으로 돌린다거나, 실패나 비행을 정당화하기 위해서 구실을 만든다거나 해서 본연의 자기 이상으로 보여주려고 하고 있다. 자기나 남에게 정직해야 한다는 것 따위는 그들에게 있어선 거의 생각할 수조차 없으며, 또한 그렇게 한다 할지라도 매우 힘들고 고생이 된다. 그래서 그들은 계속해서 자신과 남을 속이는 것이다.

사람들의 불합리하고 악덕에 가까운 행위는 자기 마음의 밑바닥에 있는 감정적 욕구를 만족시키려고 하는 노력인지도 모른다. 이것은 특히 자기를 용인하는 욕구에 대해서 말할 수 있다.

누구라도 이런 경험은 있을 것이다. 위선적인 태도로 고집스럽게 자아(自我)를 지키려는 사람을 만난 경험이…….
이 경우 가짜인 인격상에 대한 어떠한 위협도 그의 전인격에 대한 위협으로써 반발된다.

이와 같은 사람은 다른 사람이나 자기에게 있어서 결과야 어떻든 보통이 아닌 방법으로 행동하지 않고서는 견딜 수 없다.

조금만 유심히 생각하면 사람마다 자기 표현의 징후가 다르다는 것을 알 수 있다.

언제나 남을 지배하고 싶어하는 사람이 있다. 남의 아첨만이 그들의 자아를 만족시킨다. 만약 그를 위하여 충고를 한다면 그는 결코 충고한 사람을 좋게 생각하지 않는다.

위신을 유지하기 위해 어떠한 희생도 꺼리지 않는 사람도 있다. 그들은 밥을 굶더라도 옷은 남 보기에 좋은 것을 입어야 하며, 자기의 분수에 넘는 허세를 부리기가 일쑤다. 이런 부류의 사람이 가장 좋아하는 말은 '시원시원하다'라든가 '남자답다'라는 말이다.

인간의 자아욕이란 때로는 매우 강해서 자기는 대학의 사교단체를 결성하지 않으면 안 된다고 생각하기도 하고, 연극의 주역을 맡지 않으면 안 된다고 생각하기도 하고, 특정한 직책을 얻거나 승진을 하지 않으면 안 된다고 생각하기도 하고, 어느 일정액의 수입을 얻지 않으면 안 된다고 생각하기도 한다. 목표를 달성하는 데 실패하면 인생은 이미 살아갈 가치가 없는 것이라고 느낀다. 극단적으로는 자살까지 하는 경우도 있다.

어떤 사람은 속인다거나 거짓을 행하는 것을 싫어한다. 이런 부류의 사람은 법률상으로는 괜찮을지라도 빚진 돈은 한푼도 남기지 않고 갚아야 마음이 편안한 사람이다. 그들은 어떠한 개인적 손실을 감수하더라도 신용만은 지킨다.

그리고 세상에는 남을 도와줌으로써 참다운 만족을 얻으려는 사람도 매우 많다. 그 이유는 그들의 자아나 욕구가 남의 행복에 밀접하게 연결되어 있으므로 남을 도와줌으로써 참다운 만족을 찾아내기 때문이다.

사람들은 누구나가 자기의 자아욕에 따라 행동한다. 그리고 사람마다 자아욕을 만족하는 기준이 틀리다. 어떤 사람은 돈보다 명예를 소중히 하고, 또 어떤 사람은 돈을 명예의 위에 두기도 한다. 다른 사람은 사랑이나 우정을 인생 최고의 가치로 생각하기도 한다.

자아욕은 자기만족이다. 자기만족은 본질적으로 에고티즘(egotism)에 뿌리를 두고 있다. 사회 봉사를 하는 것은 분명 이타심(利他心)의 발로라고 할 수 있지만, 그 사람은 그렇게 함으로써 그 사람의 자아욕이 충족되기 때문에 그 본질은 에고이다.

자아욕은 이기적일 경우도 있고 이타적일 경우도 있다. 욕심꾸러기는 자아욕의 한 형태이다. 고도의 도덕적 신념 또한 자아욕의 또 하나의 형태이다.

좋든 나쁘든, 이기적이든 이타적이든 사람들은 자기 흥미에 바탕을 두고 행동한다.

이 사실을 바르게 이해하는 것이 사람들과 사귀는 데 성공하는 비결이다.

흔히 쓰는 비유이지만, 돼지에게 진주를 주어서는 아무런 가치가 없다. 음식의 가치도 배고픈 사람만이 절실하게 깨닫는 법이다.

말도 마찬가지다. 막된 사람에게는 아무리 고상한 말을 해도 씨가 먹히지 않는다. 유머를 모르는 사람에게 서툴게 농담을 하면 오히려 화를 낸다. 웃자고 하는 말에 살인이 나는 불상사도 생길 수 있는 것이다.

　그 상대를 보아 그 법을 설명하라는 공자의 말은 참으로 사려 깊은 말이 아닐 수 없다.

　이 책은 이런 경우는 이렇게 하고, 저런 경우는 저렇게 하라고 그 방법을 제시하는 책이 아니다. 다만 이런 사례가 있으니 참고하여 상황에 걸맞는 당신만의 독특한 화술을 정립하라는 것이다.

상대에 따른 화제의 선택

필자는 여행을 좋아한다. 성격적으로도 맞고, 또 직업상으로도 여행은 '반드시'라고 할 만큼 필요하다.

여행을 할 때는 혼자서 떠난다.

가급적 행선지도 정하지 않는다. 집을 벗어나서 마음이 끌리는 대로, 발길이 닿는 대로 가는 것이다.

혼자 떠나는 여행에는 표박(漂泊)하는 자유가 있어 좋고, 변화와 다양한 만남이 기다리고 있어 가슴을 설레게 한다.

승차권을 구입하는 순간부터 묘한 기대감으로 인하여 가슴은 홍분상태가 된다. 곧 만남이 있게 될 옆자리에는 누가 앉을까, 남자일까 여자일까, 무엇을 하는 사람일까, 하는 생각으로 인하여 마음은 첫선을 보는 사람처럼 들떠 있는 것이다.

상대가 누구라도 좋다.

　세상 경험이 풍부한 나이 많은 사람도 좋고, 한창 바쁘게 일할 중년층도 괜찮다. 청청한 젊은이도 무방하며 남녀노소 누구라도 상관하지 않는다. 다만 자리에 앉자마자 코를 골아대는 사람만은 예외다.

　여행길에서 모르는 사람을 만나고, 그 사람과 더불어 이야기를 하는 즐거움은 각별하다. 다양한 경험과 새로운 지식, 새로운 아이디어와 지혜를 얻을 수 있는 것이다. 글을 쓰는 필자에게 있어 그들의 이야기는 참으로 소중한 자료가 되는 것은 두말할 여지가 없다.

　모르는 사람과 이야기하기 위해서는 인간관계의 전반에 관한 '테크닉'이 필요하다. 여기서 말한 '테크닉'이란 무슨 거창한 것이 아니다. 어떤 방법으로라도 자연스럽게 상대를 대화로 끌어들이면 훌륭한 테크닉이 되는 것이다.

　17세기 프랑스 외교관으로 명성을 떨친 카리엘의 저서 《외교담판법》에 인간 교제술에 대한 매우 흥미로운 내용이 담겨져 있다. 〈남성예찬 8원칙〉과 〈여성예찬 2원칙〉에 입각하여 대화를 하면 사람들이 움직이게 된다고 카리엘은 자신 있게 말하고 있는데, 그것은 다음과 같다.

남성예찬의 8원칙

① 위대함을 지적하라.
② 용기를 칭찬하라.
③ 공정함을 칭찬하라.
④ 조심성을 칭찬하라.

⑤ 관대함을 칭찬하라.
⑥ 대범함을 칭찬하라.
⑦ 친절함을 칭찬하라.
⑧ 부드러움을 칭찬하라.

여성예찬의 2원칙

① 외모를 칭찬하라.
② 아름다운 여성을 간접적으로, 못생긴 여성은 직접적으로 그 외모를 칭찬하라.

카리엘의 지적은 매우 날카롭고 매섭다. 이 방법을 화술에 활용하면 사람들은 당장에 움직이게 되는 것이다.

필자의 경험으로 볼 때 우리 나라 사람들은 대체로 모르는 사람에게 무뚝뚝하다. 같은 자리에 앉아 장거리를 가면서도 말 한마디 없이 지루하고 무료하게 시간을 죽이는 사람이 많다.

그 이유가 다른 사람과 이야기하는 것을 병적으로 싫어해서가 아니라 먼저 이야기를 꺼내지 않기 때문이라고 필자는 생각하고 있다. 아무리 무뚝뚝해 보이고 차갑게 보이는 남자도, 아무리 새침해 보이는 아가씨도 몇 마디 말을 나누면 좋은 대화 상대가 된다는 것을 필자는 경험으로 알고 있다.

감히 자신하지만, 필자는 여행 도중에 100사람을 만나면 95명과는 대화를 시도했고, 나름대로 유익한 말동무가 되었다고 자부하고 싶다.

앞에서 이미 밝혔듯이 필자는 화술이 유창하지 못하다. 그럼에도 불구하고 여행길에서 많은 사람을 만났고, 그중 상당수의 사람과는 지금까지 유대관계를 맺고 있다. 지금부터 그 방법을 기술하기로 한다.

먼저 인사를 한다

인간(人間)이란 '사람과 사람의 사이'라고 여러 곳에 많이 씌어 있다. 그 사이에 있는 것이 마음〔心〕이라고 한다. 인간이란 글자의 의미처럼 인간은 모두 마음과 마음을 연결하고 살아가고 있다.

흔히들 '저 사람은 마음이 넓다' 아니면 '마음이 좁다'라고 표현을 한다. 그 표현대로라면 마음에는 넓이가 있는 모양이다.

'저 사람은 마음이 크다', '마음이 작다'라고도 하는데 마음에도 크기가 있는 모양이다.

'저 사람은 마음이 비단결처럼 곱다', '마음이 거칠다', '저 사람은 마음이 밝다', '마음이 어둡다' 하기도 하니 마음에는 양감이나 명암이 있기도 한 모양이다.

그러나 마음이란 형태가 없다. 만질 수도 없고 눈으로 확인해 볼 수도 없다. 누군가 우리에게 "마음이 어떤 형태로 존재하는지 내놓아보시오!"라고 말하면, 당장 대답이 궁해져 버린다.

여기에서 철학이 출발했다. 그렇기 때문에 우리들이 늘 생각하는 마음이라는 것은 어렵게 생각할 필요가 없다. 우

리들이 생활하는 가운데 타인에 대해서 무의식중에 보이는 행위, 혹은 습관 같은 것이 마음을 엿볼 수 있게 한다.

인사는 예절의 기본으로서 상대에게 호의를 표시하는 일이다. 인사를 한다는 것은 마음을 열고 상대편에게 접근한다는 뜻이다. 따라서 인사는 온갖 인간관계에서 마음을 열게 하는 열쇠가 된다.

인사는 먼저 하는 것이 좋다. 상대방이 인사를 건네오기를 기다린다면, 그 상대방도 당신이 인사를 건네기를 기다리고 있는 것이다. 그래서 서로 기다리다가 판은 끝나고 만다.

필자는 옆자리에 누가 앉아 있든지 누가 와서 앉든지간에 먼저 살며시 웃으며 공손히 인사를 한다. 상대방의 존재를 인정해 주고 호의를 표시해 주는 것이다. 그러면 대부분의 사람들은 답례를 한다.

이것이 중요하다. 서로 인사를 주고받았다는 것은 마음을 열었다는 의미가 된다.

필자가 먼저 앉아 있을 때 옆자리에 앉을 사람이 오면 분명한 소리로 "어서 오십시오." 인사를 하고, 나중에 앉게 될 경우에는 "실례합니다. 옆자리에 앉게 될 사람입니다."라고 인사를 한다.

"저는 ××까지 갑니다. 불편하신 대로 함께 가시지요."

이렇게 말을 건네면 상대방의 반응은 크게 두 부류로 대별된다. 한 부류는 곧바로 말을 받는 사람이고, 다른 부류는 그저 고개를 끄덕이는 타입이다. 전자는 쉽게 대화 상대가 되지만 후자는,

"실례지만 어디까지 가십니까?"

하고 말을 건네는 것이 좋다.

옆사람의 성별과 연령층에 따라 대화를 풀어가는 방법도 달리해야 한다. 필자의 경험을 실례로 들어서 설명하겠다.

아가씨인 경우

'여자에게 있어서 내숭은 필수, 여우짓은 선택'이라는 시체말이 있다. 참 재미있는 말이라고 생각되지 않는가!

아가씨들은 대체로 새침하다. 옆사람에게 관심없다는 표정을 하고 있거나 숫제 창밖으로 시선을 외면하고 있다.

필자가 목포행 열차를 탔을 때의 일이다.

기대 반 호기심 반으로 마음 설레며 지정된 좌석을 찾아갔을 때 옆자리에는 기막힌 미인이 그림처럼 내측 자리에 앉아 창밖을 내다보고 있었다.

나이는 스물다섯? 키는 163센티미터 정도, 들어갈 곳은 들어가고 나올 곳은 보기좋게 나온 늘씬한 몸매에 옷맵시도 세련된 아가씨였다. 그녀의 아름다운 자태를 보는 순간 필자는 앞으로 쓰게 될 소설 속의 여자 주인공 외모로 묘사하

면 좋겠다고 생각했다.

"실례합니다."

아가씨가 고개를 돌리자 필자는 부드럽게 웃으며 공손히 인사를 했다.

"옆자리에 앉아 갈 사람입니다."

그녀는 필자의 인사를 받는 둥 마는 둥 하고 안으로 들어 갈 수 있도록 몸을 살짝 비켰다.

"어디까지 가시는지 모르지만, 창쪽을 좋아한다면 옮겨앉 으시지요."

필자는 그녀에게 정중히 창쪽 자리를 권유했다. 대부분의 사람들은 창쪽을 선호하는데, 특히 아가씨들은 더욱 그 렇다. 그녀는 고맙다는 말을 하며 창가로 자리를 옮겼다.

"저는 목포까지 갑니다. 불편하더라도 함께 갑시다."

"아, 예."

"어디까지 가십니까?"

"전 대전까지 갑니다."

"고향이 그쪽이십니까?"

"아닙니다. 볼일이 있어 내려가는 겁니다."

"그렇습니까?…… 헤어스타일이 보기 좋습니다. 아가씨의 전체적인 이미지와 딱 들어맞는 것 같습니다."

필자는 옆사람의 외모 중에서 가장 좋다고 생각되는 부분을 칭찬하는 습관이 있다.

사람들을 적당하고 은근히 칭찬하면 절대로 손해는 없다. 아름다운 옷이나 귀여운 액세서리 등을 칭찬하면 여자라면 누구나 좋아하며, 대화는 원활해진다.

영국 속담에 "칭찬의 언어는 바보라도 훌륭한 사람으로 만든다."라는 것이 있다. 칭찬이야말로 인간의 자아를 간지럽히는 최상의 자극제인 것이다.

이렇게 아가씨를 붕 띄운 후에 취미나 직업 등을 물으면 대화의 실마리는 술술 풀리기 마련이다.

"취미는 무엇이십니까?"

"여행입니다."

"아, 좋은 취미를 가지고 계시군요? 가장 기억에 남는 여행지는 어디였습니까?"

"그래도 설악산이 가장 낫더군요."

"설악산, 말은 많이 들었지만 저는 아직까지 가보지 못했습니다. 인상에 남는 장소나 그곳의 풍물에 대해서 말씀 좀 해주십시오."

필자는 설악산을 열 번도 더 다녀왔다. 그런데 가보지 못했다고 말한 이유에 주목하기 바란다.

여자에게는 가급적 말을 시켜야 한다. 자랑거리나 기억에 남는 이야기를 할 수 있도록 유도하는 것이다. 그러면 대개의 경우 술술 이야기를 털어놓는 것이다.

여성이 발동에 걸려 이야기를 시작하면 잘 듣는 것이 무엇보다 중요하다. 실제로 말을 잘하는 사람보다 잘 듣는 사람이 호감을 산다. 어떠한 칭찬에도 움직이지 않는 사람일지라도 자기의 이야기에 진심으로 정신을 빼앗기고 있는 사람에게는 움직이게 되는 것인데, 어떠한 칭찬도 그만한 효과는 가지지 못한다.

미혼여성들은 감정적이고 무드에 지배되기 쉽고, 섬세하고 아기자기한 것을 좋아한다.

또한 여성은 독특한 감각을 가지고 있다. 그러므로 자신에게 호감을 보이고 있는 남성이나 협조해 줄 수 있는 남성을 곧 찾아낼 수가 있다. 여성은 미남자에게만 끌린다고 비난하는 남성들을 볼 수 있는데 그것은 잘못이다. 그 정반대되는 경우를 종종 볼 수 있기 때문이다.

눈이 부시도록 빼어난 미남자인데도 불구하고 여성들과의 교제에서 행복을 손에 넣지 못하는 남성을 필자는 여러 명 알고 있다. 한편 잘생기지도 않았는데 뭇여성들에게 인기가 있는 남성도 있다.

여성을 움직이게 하기 위해서는 한 가지 양식이 필요하다. 그런데 그 양식은 여성으로부터만 배울 수 있다. 이 양식을 이해하지 못하는 남성은 아무리 내면이나 외면이 멋져도 여성들의 마음에 들지 못한다.

그 양식을 몇 가지 말하면 다음과 같다.

남성들에게는 갖추어지지 않은 어느 정도의 여성적인 부드러움, 사람들의 눈에 띄지 않을 정도의 호의, 섬세한 배려——단, 감사를 필요 이상으로 과장해서는 안 된다. 그렇다고 배려하고 있다는 것을 전혀 눈치채지 못하게 하는 것도 좋지 않다. 일종의 눈으로 하는 말——이것은 애정표현의 눈빛과는 전혀 다른 것으로 감수성이 풍부한 부드러운 마음을 갖고 있는 사람에 의해 감득될 수 있는 것이다. 이것을 말로 표현할 수는 없다. 섬세한 감정을 입밖으로 내지 않고 전달하는 표정연기, 상대에게 싫은 기분을 일으키지 않을 정도의 부드러운 우수의 그림자, 로맨스를 추구하는 마음, 소극적이 되지 않을 정도의 사려 깊음, 격렬함에 빠지지 않을 정도의 대담함, 기민하고 민첩한 몸가짐, 어느 정도의 재능 등을 갖추고 있는 남성은 여성으로부터 호의를 얻을 수 있다.

여기에서 한 가지 더 말해 두어야 할 것이 있다. 여성들의 인기를 끄는 남성은 결코 화려하지는 않지만 세련된 복장을 하고 있는 청결한 남성들이라는 점이다. 여성이란 시각적인 것에 날카롭다. 사소한 복장의 흐트러짐이나 결점도 첫눈에 발견한다.

부인인 경우

앞에서 기술한 아가씨의 경우가 부인에게도 해당되는데, 친절과 칭찬의 강도를 한 단계 더 높여야 한다.

부인은 자기의 외모에 대해 남성들이 상상도 할 수 없을 정도로 관심을 가지고 있다고 믿으면 틀림없다. 상대방이 자기를 어떻게 보고 있느냐가 침이 마르도록 궁금한 것이다.

"웃으시는 모습이 참으로 해맑습니다. 실례지만 올해 나이가……?"

여성, 특히 부인의 나이를 묻는 것은 실례다. 하지만 기쁨을 주기 위해서 나이를 묻는다면 실례를 용서받을 수 있을 것이다.

이런 질문에 대부분의 부인들은 정직하게 대답하지 않는다. 그저 웃거나 반문한다.

"몇으로 보이나요?"

이때는 가급적 후하게 깎아주어야 한다. 깎아준다고 돈이 드는 것은 아니니까 한 10년쯤 내려서 말한다. 즉 30대는 20대로, 40대는 30대로, 50대는 40대로 말하는 것이다.

그것이 비록 빈말이지만(여성 자신이 느끼는 경우도 많다) 기분 나쁜 소리는 아닌 것이다.

그저 웃는 사람에게도 기쁨을 줄 수 있는 방법은 많다. 동생이나 누나를 빗대어 말을 하면 되는 것이다. 이때는 누님이나 동생의 나이가 고무줄처럼 신축성이 있어야 함은 물론이다.

"제 누님과 비슷한 것 같습니다. 제 누님께선 금년에 마흔입니다."

50줄의 부인을 10년이나 젊게 했으니 기뻐하는 것은 당연하다. 부인은(기혼남성의 경우도 마찬가지이다) 나이를 젊게 보아준 사람에게 절대로 화를 내지 않는다.

그리고 여성을 움직이게 하려면 여성 특유의 모성본능을 자극하면 효과적이다. 여성은 잘만 부탁하면 무엇이든 들어

주는 경향이 있는 것이다.

젊은 남성의 경우

세상은 어지러울 정도로 급변하고 있다. 황금 만능, 과학 만능으로 흐르고 있는 시대사조는 사람과 사람 사이의 귀중한 정을 파괴시켰다.

이제는 계산 없이는 우정도 사랑도 자라지 않는다. 진리는 구석에 몰리고, 성실하게 일하는 사람은 보답받지 못하고 약삭빠른 자가 득을 본다.

현대라는 시대는 고전적인 선입관을 깨끗이 씻어버린 시대다. 우리가 선천적으로 갖고 있는 많은 인간적인 감정들이 변질되어버렸다.

옛 사람들이 목숨을 걸고 지켜왔던 것도 이 시대에 와서는 한낱 구시대의 산물이 되어버린 것이다. 프리섹스니 유니섹스니 하는 것도, 젊은이들이 예절을 모르는 것도 이러한 변질된 감정 중의 하나이다.

현대의 젊은층들은 풍요 속에서 성장했기 때문에 땀을 흘려가며 경험을 쌓는 일이 적어졌다. 그런 것들은 방송 매체나 잡지 등을 통하여 배우고 있다.

기성세대들은 몇 년에 걸쳐서 열심히 연구를 해도 조금밖에 이해하지 못하는 사항이 많이 있었다. 그러나 현대의 젊은이들은 일찍부터 교육을 많이 받았고, 무엇이나 보고 듣고 읽기 때문에 이러한 사항에 직면해도 헤쳐나갈 수 있을 정도로 영리해졌다.

그러나 이러한 태도 안에서 오만한 자존심이나 자기 중심의식이라는 것이 생긴다. 경박한 무리들은 이것을 부끄럽게 여기지 않는다. 그리고 자신이 가치있는 인간이라고 확신한다. 이러한 생각을 가지고 있기에 아직 수염도 나지 않은 젊은이들이 기성세대를 깔보고 공격하기도 한다.

젊은층들은 풍상을 겪지 않았기에 세상이 얼마나 복잡하고, 인생이 얼마나 변화무쌍한지를 알지 못한다. 그래서 용감하다. 끊임없이 모험을 하고 싶어하며 시대를 앞서가려고 한다. 경험이 없기 때문에 도전하고자 하는 용기가 생긴다. 이것이 또한 젊은이의 기상임과 동시에 특권이기도 하다.

젊은층들과 이야기를 할 때는 흥미를 끄는 이야기나 미래 지향적인 화제를 끄집어내는 것이 좋다. 또한 생활을 즐기려는 경향이 강하기 때문에 취미나 레저에 관한 이야기를 하는 것이 바람직하다.

필자는 청년들을 만나서 이야기할 때 먼저 필자 자신이 상대방의 나이였을 때를 생각해 본다. 그때는 무엇으로 인하여 행복감을 느꼈고 무엇으로 인하여 고뇌하고 절망했는가를 회상해 보는 것이다.

그러면 젊은이들의 사고와 행동을 이해할 수 있게 된다. 세상 경험이 많은 어른의 눈으로 볼 때 그들의 미숙한 생각이나 무분별한 행동이 금방 눈에 잡히지만, 그들에게 있어서는 그것이 성장의 한 과정이고 즐거움인 것이다. 돌이켜 보면 어른들의 청년기가 그러했듯이.

필자가 20대였을 때는 한창 장발 단속이 심했다. 여자들에게는 미니 스커트 단속을 했다. 거리에서 자로 여자의 무

룔 위를 재고 있는 경찰들의 모습을 심심찮게 구경할 수 있
었다. 어쨌든 그 시절 필자는 어깨를 덮을 만큼 치렁치렁한
장발을 하고 다녔다. 머리가 귀를 덮어도 장발 단속을 하는
데 어깨까지 내려왔으니 걸리기만 하면 제꺼덕 머리를 깎이
고 구류까지 살 판이었다.

그런데도 필자는 거리를 활보했다. 경찰을 만나면 걸음아
날 살려라 하고 줄행랑쳤다. 쫓아오는 경찰을 대부분 중간
에서 따돌렸지만, 어떤 경찰은 가위를 손에 들고 끝까지 쫓
아왔다. 필자가 담을 넘으면 경찰도 담을 넘고, 필자가 외나
무다리를 건너면 경찰도 외나무다리를 건넜다.

마침내 필자는 찰거머리 경찰에게 덜미를 잡히기에 이르
렀다. 그때 필자는 경찰을 연못에 빠뜨리고 다시 도망을
쳤다.

지금에 와서 생각해 보면 참으로 만화 같은 이야기가 아
닐 수 없다. 왜 그토록 나라에서 단속하는 장발을 한사코 고
집했는지는 필자도 이해할 수 없다. 아마도 반항심리의 표
출이었겠지만, 당시 어른들의 눈에는 좋게 보이지 않았을
것이 분명하다. 지금 기성세대들이 유행의 첨단을 걷고 있
는 신세대들의 행태를 곱게 보지 못하는 것처럼.

나이 먹은 사람이 청년의 기분이 되어 사물을 생각한다는
것은 확실히 멋진 일이다. 아무튼 나이 먹은 사람은 젊은이
들의 기쁨과 슬픔을 방해해서는 안 된다. 오히려 가능한 한
자신의 젊은 시절을 되돌이켜 생각해 보고 그들을 이해하는
마음을 갖는 것이 바람직하다.

그렇다고 해서 번연히 그릇된 행동임을 알면서도 못 본

척하라는 얘기가 아니다. 연상의 사람들은 경험이 풍부하기 때문에 젊은이에게 바른길을 가르쳐주고, 충고를 통해서 젊은이들에게 도움이 되도록 해야 한다. 여기서 중요한 점은 그런 마음에 지나침이 없도록 하라는 것이다.

중년 남성인 경우

중년남성은 어느 국가, 어느 사회에 있어서나 중추적(中樞的)인 역할을 담당한다. 가장 일하기에 적합한 나이가 중년층인 것이다. 또한 모든 면에서 가장 부담을 많이 느끼는 세대이기도 하다.

직업의 세계에서는 구심점이 되어야 하고, 가정적으로는 지출이 많은 시기임과 동시에 재산 축적과 사회적 명성 및 신용의 형성을 이뤄야 하는 것이다.

따라서 중년남성과의 화제는 직업에 관한 화제를 꺼내는 것이 무난하다. 여기에 가정과 건강을 화제로 삼으면 폭 넓은 대화를 할 수 있게 된다.

노인인 경우

나이가 많은 사람들은 보수(保守)에 회귀하고자 하는 성향을 가지게 된다. 앞으로 살아갈 날이 이미 살아온 날에 비하면 너무 짧기 때문에 옛날의 즐거웠던 일들을 회상하며 그 시절을 그리워한다.

오랜 세상 경험을 축적한 사람들은 성공과 실패의 경험을 통해 세상이 그렇게 만만치 않다는 것을 안다. 때문에 관념적인 이론이나 예상에서 벗어나고, 몽상이나 격정이나 과민한 신경에 의해 잘못된 길을 걷는 일이 줄어들고, 자기 주위에 있는 사람이나 사물을 꽤 정확한 눈으로 바라볼 수 있게 된다.

필자는 나이가 지긋한 노인과의 대화에서 많은 것을 배운다. 오랜 세월 동안 조금씩 쌓은 연륜을 들으면 세상을 보는 눈이 보다 밝아지는 것이다.

노인과의 원활한 대화를 위해서는 우선 겸허한 마음이 중요하다. 노인의 말이 과거 회상적인 얘기로 일관되더라도 케케묵은 사고라고 생각해서는 안 된다. 아무리 시대에 뒤떨어진 이야기라 하더라도 한 인간의 인생경험이 축적된 이야기를 무시해서는 안 되는 것이다.

대화의 분위기가 조성된 상태에서 노인에게 과거 이야기를 부탁하면 기다렸다는 듯이 술술 과거사를 이야기해 준다. 이때 중요한 것은 노인의 이야기를 이론적으로 꼬치꼬치 따져서는 안 된다는 것이다.

뺨 치고 얻은 벼슬

우암(尤庵) 송시열(宋時烈)이 재상으로 있을 때이다.

그때 조선에서는 병자호란(丙子胡亂) 때 당한 수모의 부끄러움을 씻고자 효종(孝宗)이 중심이 되어 송시열·이완(李浣) 등과 함께 청국(淸國)을 치려는 북벌계획이 한창 치밀하게 진행되고 있었다.

그러던 어느 무더운 여름날, 우암은 무슨 볼일로 경기도 장단 고을을 향하여 시자도 대동하지 않고 평복으로 길을 떠나고 있었다.

여름 날씨는 여자의 마음만큼이나 변덕이 심하여 알 수가 없다. 그토록 청명하던 하늘에 검은 구름이 삽시에 퍼져 오더니 갑자기 '후두둑!' 소리를 내며 큰 빗방울이 떨어지기 시작했다.

"어이쿠, 소나기로구나!"

우암은 주변을 둘러보며 비를 피할 곳을 찾았다. 그러나 첩첩 산길이라 마땅히 비를 피할 곳이 없었다.

"이랴!"

우암은 억수같이 쏟아지는 빗속으로 말을 달렸다. 얼마쯤 달렸을 때 언덕배기에 있는 주막 하나가 눈에 들어왔다.

"저기서 비를 피해 가야겠군."

우암은 주막으로 들어가서 사랑방에 자리를 잡았다.

그가 빗방울 소리를 들으며 밖을 내다보고 있을 때였다. 저쪽에서 무관 차림을 한 장년의 사나이가 비호처럼 말을 달려 주막으로 다가오고 있었다.

"주모, 비 좀 피해 갑시다!"

사나이가 소리치자 주모가 방문을 열고 나가 응대했다.

"예예, 사랑으로 드시지요."

무관 복장의 사나이는 얼굴과 목덜미에 흐르는 빗물을 싹싹 손으로 훔치며 사랑으로 들어왔다.

"으흠, 손님이 있었군그래."

사나이는 아랫목에 털썩 주저앉아 우암이 바라보고 있는 창문 밖으로 시선을 던졌다.

콰르르르 쾅!

밖에는 천둥이 일고 번쩍번쩍 번개마저 쳤다. 비는 금방 그칠 비가 아니라 본격으로 쏟아질 큰비가 분명하였다.

두 사람은 서로 얼굴을 마주보며 무료히 앉아 있을 수밖에 다른 도리가 없었다. 어색한 침묵이 한참 동안이나 흘렀다.

"보시오, 첨지 양반! 장기 둘 줄 아시오?"

무관이 불쑥 입을 열었다.

"예, 조금 둡니다."

"내가 얼굴을 보아하니 장기를 꽤 둠직할 첨지 같네그려. 어디 심심한데 한번 두어볼까?"

"예, 둬보십시다요."

송시열은 겸손하게 말하며 장기판을 끌어다가 중간에 놓았다.

두 사람의 실력은 막상막하하였다. 장이야 멍이야 하면서 일진일퇴를 거듭하다 가까스로 송시열이 이겼다.

"음, 제법이군."

장기에 진 무관은 떨떠름한 표정을 하고 입맛을 쩝쩝 다시다가 우암의 얼굴을 빤히 쳐다보았다.

"그래, 영감은 무슨 벼슬을 하였나? 보나마나 보릿섬이나 좋이 없앴겠지? 보리동지하였나? 이런 궁벽한 산촌에서 보리동지도 과분하지. 암, 과분하고말고."

무관은 입에서 나오는 대로 씨부렁거렸다.

보리동지란 곡식을 바치고 벼슬을 얻은 사람을 조롱하여 일컫는 말이었다. 당시에는 보리쌀을 팔아서 첩지 한 장 사 가지고 면천을 하는 사람들이 있었다.

조롱하는 무관의 말을 들은 우암은 어이가 없어 속으로 낄낄 웃었다. 그러나 시치미를 뚝 떼고 짐짓,

"뭐, 벼슬이야 대수롭겠습니까?"

하고 아주 공손히 대답하였다.

공손히 말했지만 우암의 목소리는 우렁우렁하여 방안을 울렸다. 무관은 우렁찬 소리에 다소 놀란 표정으로 고개를 치켜들고 눈을 내리깔며 우암을 보았다.

"성명은 무엇인고?"

무관의 목소리는 여전히 방자했다.

송시열은 담담한 얼굴로 대답했다.

"예, 저의 성은 송나라 송자이옵고, 이름은 때 시에 매울 열을 써서 송시열이라 하옵니다."

"송시열, 송시열이라……."

무관은 우암의 이름을 읊조리다 갑자기 안색이 새파랗게 질렸다.

송시열이 누구인가. 일국의 정승이요, 대문장가요, 임금의 신임을 한몸에 받으며 국사를 좌지우지하는 시임 좌의정인 것이다.

무관은 갑자기 자기의 눈앞에서 하늘이 무너져내린 것과 같은 절망감에 사로잡혔다. 자기는 십여 년 만에, 그것도 연줄연줄 요행으로 운이 틔어 지방 관청의 병사를 얻어 하게

된 처지에 지나지 않는다. 이것이 한순간에 떨어지고, 그것으로도 부족하여 큰 봉변을 당할 일을 생각하니 기가 막힐 노릇이었다.

'구시화지문(口是禍之門)'이라더니 함부로 입을 놀리다가 이 지경이 되는 것인가 생각하니, '입이 재화의 문'이라는 말은 이런 경우에 자기를 가리키기 위해 만들어진 말만 같았다.

무관은 자기의 경망스런 입을 주먹으로 쳐서 박살내버리고 싶은 충동을 가까스로 참으며 절망적인 눈으로 우암을 보았다.

우암의 표정은 얄미울 정도로 유들유들했다. 자기의 절망적인 표정을 재미있게 구경하고 있는 것이 분명했다.

'이왕에 버린 몸…….'

무관은 이를 앙당 물고 눈을 부릅뜸과 동시에 다짜고짜로 우암 송시열의 따귀를 세차게 올려붙였다.

"철썩!"

난데없이 무관의 솥뚜껑만한 손바닥에 뺨을 맞은 우암은 눈앞에서 번쩍번쩍 별이 튀고 정신이 멍멍했다. 뺨은 또 어찌나 아팠는지 꼭 살점이 찢어져나간 것처럼 생각되었다. 우암은 자기도 모르게 손자국이 우툴두툴하게 난 뺨을 감싸며 무관을 보았다.

이때 무관은 자리에서 벌떡 일어서며 벼락 치는 소리를 냈다.

"네 이놈! 이 고약한 첨지놈! 네놈이 어찌 함부로 주둥아리를 놀려 우암 송시열 대감의 높으신 존명을 사칭하느

냐? 우암 대감으로 말하면 문장과 식견과 경륜이 지금 일세를 흔들고 있는 분이시다. 그런데 네깟 영감태기가 송시열 대감이란 말이냐? 고약한 놈! 앞으로 외람된 칭명을 하다가는 살아남지 못할 것이다."

무관은 이렇게 소리친 후에 무섭게 문을 박차고 밖으로 나갔다. 그리고 뒤도 돌아보지 않고 말을 달려 쏟아지는 빗속으로 달음질치고 말았다.

"허어, 이거 낮도깨비에 홀린 기분이군."

우암은 쏟아지는 빗속으로 사라지는 무관의 뒷모습을 망연히 바라보고만 있었다. 그러다가 무슨 생각을 했는지 입가에 빙그레 미소를 지었다.

"장부로다! 실로 거창한 대장부의 임기요, 뛰어난 기지로다. 저 정도의 임기응변이라면, 저 정도의 배포라면 능히 일감 하나 맡길 만하다."

우암은 즉시 주막집 주인을 불러서 물었다.

"아까 그 무관은 누구인고?"

주막집 주인은 안주 병사로 도임해 가는 이 아무개라고 하였다.

"안주 병사 이 아무개라……!"

우암은 서울로 올라온 즉시로 그를 불러 평안 병사로 임명했다. 무관의 기지와 호기에 반하여 벌을 내리는 대신 벼슬을 높여준 것이다.

인간의 위대함은 미덕에 의해 측정되는 법이다. 높은 도덕심, 정의감, 선량함, 겸손과 바른 예절 등은 미덕이 연주하는 아름다운 선율이다.

미덕을 갖춤으로써 사람은 분별을 갖고, 기민하고, 이해력이 깊고, 현명해지고, 동정이 넘치고, 통찰력이 뛰어나며, 항상 기쁘고 행복해진다.

미덕은 비천한 이 세상을 비추는 태양이고 양심의 하늘이다. 또한 그것은 너무나 아름다운 것이기 때문에 신(神)에게도 인간에게도 사랑받는다.

모든 인간관계에 있어서 예절이란 미덕은 조용하면서도 엄청난 힘을 가진다. 그러나 미덕과는 반대의 개념을 가진 오만(傲慢)은 인생을 그르치게 하는 병폐이다. 오만무례한 사람을 좋아하는 사람은 아무도 없기 때문이다.

인간은 누구든 남에게 얕보이거나 짓밟히는 것을 싫어한다. 그래서 자기에게 오만무례하게 구는 사람을 보면 '건방진 놈'이라고 생각하며 뺨이라도 후려치고 싶어진다. 당장 실행에 옮기지 않는 것은 그 당시 그 오만무례한 사람이 권세가 있기 때문이다.

세상에 영원히 계속되는 힘은 존재하지 않는다. 꽃이 만개하면 지고 달이 차면 기우는 것과 마찬가지로, 권세를 잡고 있는 사람도 언젠가는 권력을 잃게 된다. 이때는 지난날 자기가 행했던 행위에 불만을 참고 있던 사람들이 일시에 들고일어나 이자까지 붙은 청구서를 내밀게 되는 것이다.

이야기 속의 무관은 오만한 사람이었다. 쥐꼬리만한 권세를 믿고 호랑이 앞에서 방자하게 굴었다. 그 행위만을 놓고 본다면 호되게 당한다 해도 자업자득이다. 억울하다고 어디에다 호소할 수도 없다.

그러나 그의 임기응변은 칭찬하지 않을 수 없다. 오만한 성품 탓에 큰 실수를 저질렀지만, 곧 침착을 되찾고 남아다운 기지를 발휘한 것이 순간적으로 우암의 마음을 움직였던 것이다.

바둑용어에 '묘수필패론(妙手必敗論)'이란 말이 있다. 한 판에 묘수가 세 번 나오면 그 판은 반드시 패하고 만다는 말이다.

독자들도 다 아는 사실이지만, 바둑에 있어서 묘수란 번득이는 지혜 같은 것이다. 궁지에 몰려 쩔쩔매다가 기사회생한다거나 상대편에 도리어 역공을 가하는, 이를테면 절호의 찬스를 만들어내는 방책을 말하는데, 약으로 비유해서 말한다면 우황청심환 같은 역할을 한다.

그러나 신통한 약효를 가지고 있는 우황청심환도 결코 많이 먹어서 좋은 약재는 아니다. 왜냐하면 그것은 본질적으로 응급처방에 쓰는 약재이기 때문이다. 따라서 묘수를 세 번 쓴 바둑이라면 그 판은 처음부터 위태위태하게 진행됐다는 이야기가 된다.

세상사가 모두 그러하듯 잔재주로 큰 흐름을 꺾을 수는 없다. 그래서 묘수를 많이 쓰면 패하거나 망하게 되는 것이다.

임기응변도 바둑의 묘수와 비슷한 성격을 가지고 있다. 곤경에 처했을 때 쓰는 한번의 기지는 화를 복으로 바꿀 수도 있지만, 그것에 재미를 붙여 자주 쓰다 보면 얕은 꾀만 발달한 사람이라는 치욕스런 평판을 듣게 되는 것이다.

약빠른 임기응변을 생각하기보다는 미덕을 갖추는 것이 현명한 사람이 취할 진정한 지혜이다.

행복과 불행은 그 행위에서 비롯된다

영화나 TV의 뒷골목 드라마를 보면 양 어깨를 으쓱하고 으스대며 걷는 불량배들이 많이 나온다. 그리고 그들은 영화 속에서도 별볼일없는 똘마니 역할을 한다. 혼자서는 아무것도 할 수 없으면서도 주위상황이 자기 편에 유리하게 작용하고 있으면 앞에 나서서 불같이 설친다.

사실 똘마니일수록 행동과 표정과 언행에 불량배 티를 낸다. 주먹을 잘 쓰거나 두목급에 속하는 중량있는 불량배들은 적어도 겉으로는 의젓하다. 언행도 경박하지 않고 함부로 설치지 않는다.

'빈수레가 요란하다'는 말은 괜히 생긴 말이 아니다. 예로부터 비루하고 경박한 인물이 쥐꼬리만한 힘을 가지게 되면 주변사람들을 심하게 괴롭혔기 때문에 생긴 말이다.

필자가 초등학교 5학년에 다닐 때까지의 별명은 '순둥이'

였다. 너무나 순하고 겁이 많았기 때문에 붙은 명예롭지 못한 별명이었다.

별명이 의미하는 것처럼 필자는 악동들의 '밥'이었다. 악동들은 툭하면 필자를 괴롭혔고, 마치 몸종을 부리듯이 이것저것 시켰다. 그럼에도 필자는 그들에게 대항할 엄두도 내지 못했다.

그해 가을의 어느 날, 자타가 가장 강하다고 인정한 기철이가 청소시간에 이유도 없이 필자를 때리기 시작했다. 한참을 열심히 맞았다. 코피가 터지고 온몸이 욱신거렸다. 그래도 그는 주먹을 휘두르고 발길질을 하는 것에 더할 수 없는 쾌감을 느끼는지 계속 때렸다.

정신없이 맞다 보니 필자는 울분이 끓어올랐다. 그래서 더이상 맞지 않기 위해 주먹을 휘둘렀는데 단 한 방에 기철이가 저만큼 나가떨어졌다. 청소를 하던 급우들의 시선이 일제히 필자에게 쏠렸다.

엉겁결에 엉덩방아를 찧은 기철이가 붉으락푸르락한 얼굴을 하고 벌떡 일어나서 주먹을 날렸다. 필자는 슬쩍 피하면서 다시 기철의 얼굴에 일격을 가했다.

"어이쿠!"

기철이는 벌렁 나자빠지며 손으로 얼굴을 감싸쥐었다. 필자는 기철이를 흠씬 패주고 나서 스스로 의심했다. 내 주먹의 강도에 대하여.

내친걸음에 필자는 실험삼아 두번째로 강하다는 용수를 불러내어 맞붙었다. 그도 상대가 아니었다.

세번째, 네번째 악동들을 불러내어 겨루었지만, 역시 그들도 필자 앞에 무릎을 꿇었다.

그날 이후 필자를 무시하는 사람은 없었다. 주먹다짐을 하면 좀처럼 남에게 지질 않았다.

세상에는 힘과 위엄을 갖춘 인간에게는 꼼짝 못하면서 힘없고 나약한 사람에게는 즉시로 공격하는 비열한 겁쟁이들이 항상 존재하는 것이다. 그들의 공통적인 특성은 보잘것없는 힘을 믿고 오만방자하기 이를 데 없다는 것이다.

오만방자한 사람은 언젠가는 임자를 만나는 법이다.

영조(英祖) 때의 명재상 오천(梧川) 이종성(李宗城)은 사색당쟁이 한창이던 당시에 불편부당한 인물이었다. 어느 당이나를 가리지 않고 유능한 인재를 골라 쓰기로 유명하였다.

낙엽이 지고 소슬바람이 부는 어느 가을날이었다. 이종성은 복잡다단한 정사를 끝내고 잠깐 한가한 틈을 타서 고향인 장단(長湍)으로 걸음을 옮겼다.

그는 겉치레를 싫어하고 겸손한 사람이었다. 그래서 고향을 오갈 때의 행차는 단출하기 그지없었다. 평상복 차림에 어린 상노 하나를 거느린 것이 전부였기 때문에 누가 봐도 평범한 노인으로밖에 볼 수 없었다.

단, 오래 전부터 오고가면서 점심을 먹는 주막에서만은 그의 신분을 알고 있었다. 주막 주인은 이종성의 겸허한 성품을 알고 있었기에 그가 일인지하 만인지상의 영의정이란 사실에 대해서는 입도 뻥긋하지 않았다. 또한 점심도 일반 서민들이 먹는 그대로를 먹었다. 그러니 그가 주막에서 먹는 점심은 보리밥에 김치 한 접시, 멀건 된장찌개가 전부였다.

이종성은 상노와 함께 맛있게 점심을 먹고 있었다. 이때 삼현육각을 잡힌 요란한 행차가 주막으로 들어왔다. 순안(順安)에 새로 부임하는 원님의 행차였다.

방으로 들어온 신임 순안 군수는 눈살을 찌푸리며 방에 앉아 밥을 먹고 있는 두 사람을 보았다. 초췌한 노인과 손자로 보이는 소년이었다.

"먼저 먹습니다."

노인은 신임 군수에게 목례를 보내며 공손하게 말했다.

최문길(崔文吉)이라는 이름의 신임 순안 군수는 천성이 교만방자한 사람이었다. 그는 초췌한 노인과 한방에서 음식을 먹는 것이 싫었기 때문에 꾀를 냈다.

"노인, 보리밥과 된장찌개의 맛이 어떻소?"

"예, 맛이 좋습니다."

"그래? 그렇다면 나도 한 술갈 먹어봅시다."

최문길은 심술궂은 눈을 번뜩이면서 보리밥과 된장을 한 술씩 먹었다. 몇 번 우물거리던 그는 오만상을 찌푸리며,

"에잇, 퉤퉤!"

· 오만은 인생을 그르치게 하는 병폐이다.

하더니 갑자기 이종성의 얼굴에 침을 탁 뱉었다.

"이런 짐승만도 못한 영감태기! 이런 것을 너같이 천한 놈이나 먹지 나처럼 귀하신 몸에게도 먹게 해? 개나 돼지가 먹을 것이지 이게 어디 사람이 먹을 것이냐, 앙!"

최문길은 눈을 부릅뜨고 코를 식식거리며 호통을 쳤다.

"예, 잘못했습니다. 부디 용서하십시오."

이종성은 정중히 사과를 한 다음 상노 아이에게 눈짓을 하여 밖으로 나왔다. 방안에서 일어난 소란에 깜짝 놀란 주막집 주인이 뭔가 말을 하려고 하자 이종성은 나직이 '쉿!' 소리를 내며 손가락을 입술에 댔다.

이종성은 말에 올라타고 길을 재촉하면서도 아무 말이 없었다. 상노 아이의 얼굴이 뿌루퉁했다.

"얘야, 무엇 때문에 뿌루퉁해 있는 거냐?"

"대감마님께서는 분하시지도 않으십니까?"

"뭐가 분하단 말이냐?"

이종성은 시치미를 뚝 떼고 천연스럽게 말했다.

"그렇게 방약무인으로 행동하는 벼슬아치를 왜 그냥 두시는 것입니까? 그런 사람이 다스리는 고을의 백성들은 얼마나 고통 속에서 신음하겠습니까?"

"허허, 네 말을 듣고 보니 그도 그렇겠구나. 그렇다면 네 생각에는 어떻게 하면 좋겠느냐?"

"그야 당연히 봉고파직을 시켜야 하지 않겠습니까?"

"……."

이종성은 눈을 지그시 감고 생각에 잠겼다. 처음부터 그도 신임 사또의 오만방자한 태도가 몹시 역겨웠다. 그런 자가 한 고을 수령으로서의 막중한 책무를 제대로 수행할 것 같지가 않았다. 그러나 순간적인 사적인 감정으로 인해 한 인간이 애써 쌓아올린 공든 탑을 허물어버린다는 것이 염려되어 생각할 시간을 갖고 있는 것이었다.

동구 밖에 이르렀을 때 이종성은 감고 있던 눈을 떴다.

"애야, 지금 주막으로 가서 그 원에게 장단 이종성 대감 댁에 들러 가시라는 말을 전하고 오너라. 그 말만 전하면 되느니라."

"예, 대감마님. 그렇게 전하고 오겠습니다."

상노 아이는 신바람이 나서 주막으로 달려가 호기롭게 그 말을 전했다. 신임 순안 군수 최문길은 상노 아이가 전하는 말을 듣고 고개를 갸우뚱거렸다.

'이종성 대감이라면 지체 높으신 영상 대감이 아닌가? 그런 분이 왜 나를……. 혹시 더 높은 벼슬을 내리시려고 그런 것이 아닐까? 그럴지도 모르지.'

이렇게 생각하자 마구 가슴이 설레였다. 그는 주막 주인을 불러 물었다.

"장단에 이종성 대감이 사시느냐?"

"예, 그렇습니다. 대감께서는 가끔 고향에 내려오십니다."

"흐음, 이상도 해라! 그런데 내가 도임하는 것을 어떻게 아시고 집에 들르라는 것일까? 한번도 만나뵈온 적이 없는데……."

최문길이 혼잣말처럼 중얼거리자 주막집 주인은 고소하다는 표정을 지으면서 빠르게 말했다.

"아니, 정말 이종성 대감님을 만나보신 적이 없단 말입니까?"

"그렇다."

"그럴 리가 없습니다. 두 분이 만나시는 것을 소인의 눈으로 똑똑히 보았습니다."

"뭐라고? 그게 대체 무슨 소리냐?"

최문길의 인상이 묘하게 일그러졌다.

"아까 이 방에서 점심을 잡숫던 분을 모르십니까?"

"아이와 보리밥을 먹던 그 영감태기……?"

"그분이 바로 이종성 대감님이십니다."

"뭐, 뭐, 뭐라구? 그, 그, 그 말이 사실, 사실이냐? 아니겠지?"

신임 순안 군수 최문길은 마치 지독한 학질에 걸린 사람처럼 갑자기 비지땀을 흘리고 부들부들 떨면서 말을 심하게 더듬었다. 주막집 주인은 최문길의 그런 모습을 보고 '꼴 좋다' 하는 듯한 눈으로 내려다보며 얄망스럽게 말했다.

"그 어르신이 틀림없는 이종성 대감이십니다. 아주 오래 전부터 이 앞으로 지나다니셨기 때문에 소인이 잘 압니다."

"그렇다면……."

최문길의 얼굴에서 핏기가 싹 가셨다.

"이거 큰일났구나!"

그는 눈에 초점을 잃고 망연히 천장을 보고 한동안 앉아 있었다. 그러다가 무슨 생각을 했는지 신발도 신지 않고 밖으로 뛰어나가 말에 올라탔다.

"이랴!"

최문길은 관속도 다 버리고 홀로 말을 달려 장단으로 갔다. 그리고 이종성 대감댁 대문 앞에 거적을 깔고 그 위에 무릎을 꿇었다. 석고대죄(席藁待罪)를 하고 있는 것이다.

옛날에는 큰 죄를 지으면 이렇게 해서 주인이 들어오라고 하기 전에는 그 자리에 몇 날 며칠이고 엎드려 있으면서 주인의 처분을 기다렸다.

하인에게 이 사실을 전해 들은 이종성은 대문 밖으로 나갔다.

최문길은 흘끔 올려다보았다. 틀림없이 주막에서 자기가 침을 뱉은 그 노인이었다. 눈앞이 캄캄해지면서 간이 사그라지는 것만 같았다.

"대감, 죽을 죄를 지었습니다. 이놈이 눈이 있어도 죽을 때가 되어 사람을 알아보지 못했습니다. 대감……."

최문길은 손이 발이 되도록 싹싹 빌며 애걸복걸하였다. 그의 심술궂은 얼굴은 눈물과 콧물로 얼룩져 가련하고 불쌍하게 보였다. 그자의 소행은 생각할수록 괘씸하기 짝이 없지만, 울며불며 잘못을 사죄하는 그 모습을 보고 있는 이종성의 마음에 측은지정이 생겼다.

"네 이놈, 네 죄를 네가 알렸다! 보리밥과 된장찌개를 개돼지가 먹는 것이라면 네놈의 아비나 어미가 먹어도 개돼지란 말이냐? 너 같은 놈이 원이 되면 백성의 고혈을 빨아서 너만 호의호식할 것이 틀림없다. 네놈을 디룩디룩 살찌우느라 백성들의 눈물이 마를 날이 없고, 가슴을 찢어대는 통곡은 하늘을 울릴 것이다. 너는 원이 될 자격이 없다. 내가 보기에 너는 인간이 못되었다. 나라에서 너를 보낼 때는 백성을 사랑하는 목민관이 되어 선정을 하라는 것이었다. 그런데 너의 오만방자한 성품으로 보아 그런 것과는 거리가 멀다. 너는 남에게 해악을 끼칠지언정 좋은 일은 못할 위인이다. 천하에 못된 놈 같으니라구. 어째 사람이 그렇게 생겨먹었냐?"

이종성은 일장 훈계를 하고 나서 목청을 가다듬어 다시 말했다.

"네 죄를 생각하면 당장에 물고를 내고 싶지만, 아직 네 나이 젊은 것이 불쌍하여 죽이지는 않겠다. 그러나 나는 나의 권도(權道)로써 너를 파직시키고, 조정에 돌아가서 다른 사람으로 하여금 순안 원의 중책을 맡기겠다. 너는 도임하지 말고 당장 집에 가서 개과천선하여라."

최문길은 고개 숙여 사죄하고 물러갔다. 후회막급이었다. 말 한마디 잘못하고 방자한 행동을 한 결과 치고는 너무나 가혹했다. 생각하면 십년 공부가 도로아미타불이요, 공든 탑이 일순간에 와르르 무너졌으니 분하고 원통하기 짝이 없었다.

그러나 자신이 오만불손하여 생긴 일이니 누구를 원망할
수도 없었다. 목숨을 부지한 것만도 다행이라고 여기며 고
향으로 돌아갔다.

그로부터 며칠이 지난 후였다.

이종성은 집 앞에 있는 고구마밭에서 이삭줍기를 하다가
힘이 들어 잠시 길가 밭둑에 앉아 쉬고 있었다. 장죽에 불을
붙이고 하늘을 보니 파랗고 높은 하늘에 구름 한 점이 한가
롭게 떠가고 있었다.

"참으로 하늘이 높고 맑구나!"

이종성은 시라도 한 수 읊고 싶은 충동에 사로잡혀 공중
으로 담배연기를 길게 내뿜었다.

이때 괴나리 봇짐을 진 한 나그네가 초췌한 모습으로 길
을 가다가 이종성의 옆에 와서 우뚝 걸음을 멈췄다.

"노인장, 죄송하지만 담뱃불 좀 붙입시다."

"그럽시다."

이종성은 순순히 담뱃불을 붙이게 하면서 나그네의 얼굴
을 보았다. 눈에 총기가 반짝이고 어딘지 모르게 품격을 느
끼게 하는 용모였다. 나이는 마흔 살 정도로 보였다.

"노인장, 길을 걷다가 옷깃을 스쳐도 인연이라는데, 이렇
게 우연히 만났으니 서로 인사나 합시다. 나는 충청도 천안
땅에 사는 박덕호(朴德浩)라고 합니다."

"아, 그렇습니까. 나는 이종성이라고 합니다."

이종성은 엉겁결에 본명을 대고는 '아차' 했다.

"뭐라구요? 노인장 이름이 이종성이라구요?"

"예."

"예끼, 여보시오! 당장 이름을 고치시오. 이종성이라면 영상 대감의 이름과 같이 않소? 이종성 대감으로 말하자면 나라의 명재상으로 상감마마 다음가는 훌륭한 어른이시오. 그런 어른의 이름을 함부로 쓰는 것이 아니오. 그러니 당장 이름을 고치시오!"

박덕호는 아주 정색을 하고 호령을 했다.

이종성은 난처했다. 분위기가 묘하게 되었기 때문에 자신의 신분을 밝히기도 어색했다. 그래서 그는,

"예, 고치겠습니다. 초야에 묻혀 사는 늙은이가 뭘 알겠소. 몰라서 그랬으니 용서하십시오. 곧 개명을 하겠소." 하고 얼버무렸다.

"음, 그렇다면 용서하겠소. 그리고 너무 노여워하지 마시오. 훌륭한 어른의 이름을 노인장께서 그대로 쓴다는 소리를 듣고 나도 모르게 언성을 높여 죄송하오. 자, 그럼 인연이 있다면 또 만납시다."

나그네는 성큼성큼 걸음을 옮겼다.

이종성은 멀어져가는 나그네의 뒷모습을 보면서 잠시 생각에 잠겼다. 그의 풍채가 당당하고 인물도 보통이 넘는 것 같았다. 자기를 치켜올려주어서가 아니라 예의염치를 아는 사람이라고 생각이 되어 호감이 갔다. 그래서 그는 상노 아이에게 명하여 그 나그네를 불러오도록 하였다.

"애야, 저기 산모퉁이를 돌아가는 나그네를 불러오너라."

"예, 알겠습니다."

상노 아이는 다람쥐처럼 나그네가 사라진 곳으로 달려

갔다.

"저, 우리 대감님께서 잠깐 다녀가시랍니다."

"대감이라니? 어느 대감 말인가?"

"오천 이종성 대감이십니다."

"뭐라구? 영상 대감께서……."

"그렇습니다. 바로 영상 대감께서 잠시 집에 들렀다 가시라고 하셨습니다."

"무슨 일로?"

"쉰네가 그것을 어찌 알겠습니까."

"……."

박덕호는 몹시 의아하게 생각하며 상노 아이를 따라갔다. 대감댁 사랑으로 들어간 그는 넓죽 엎드려 절을 했다.

"박형, 어서 오시오."

박덕호는 이종성 대감이 자기의 성을 알고 있다는 사실에 놀랐다. 그리고 그 목소리는 웬지 귀에 익었다. 그는 살며시 고개를 들어 눈앞에 앉아 있는 영상 대감의 얼굴을 살폈다. 그 얼굴을 보는 순간 박덕호는 거의 까무러칠 지경이 되었다. 바로 아까 그 노인이었다. 박덕호는 눈앞이 캄캄해 지면서 몸이 떨려옴을 느꼈다.

"소인이 어르신을 몰라뵙고 큰 실수를 했습니다."

"허허, 그게 무엇이 그렇게 큰 실수란 말이오? 내가 박형을 부른 것은 술이라도 한잔 하기 위함이오."

"황송하옵니다."

"편히 앉으시오. 그래, 보아하니 선비인 것 같은데 벼슬은 하셨소?"

· 모름지기 사람은 그 행위에 의하여 평가를 받는다.

"아닙니다. 시골서 글줄이나 읽었사오나 저에게는 벼슬할 운이 없나보옵니다. 과거에 몇 번 응시했으나 번번이 실패하고 지금은 팔도강산 유람이나 하려고 이렇게 길을 떠나온 것입니다."

"음, 그런 사정이 있었구먼. 그렇다면 어디 시나 한 수 지어보시게."

이종성은 주안상을 내오게 하고 지필묵을 박덕호에게 주었다.

그는 붓에 먹을 찍어 일필휘지했다. 박덕호가 단숨에 써내려간 시를 보고 이종성은 크게 놀랐다. 그의 글씨는 달필이었고, 문장 또한 명문이었다.

"아, 참으로 빼어난 글씨에 훌륭한 문장이오. 그런데 과거에 실패했다니……."

이종성은 박덕호와 술잔을 주고받으며 시간 가는 줄도 모르고 이런저런 이야기를 나누었다. 박덕호는 학식도 깊고 경륜도 보통이 아니었다.

"박형! 내가 박형에게 부탁이 하나 있소."

이종성은 정색을 하고 무겁게 입을 열었다.

"대감께서 저 같은 사람에게 무슨 부탁을……. 말씀하여 주십시오."

"다름이 아니네. 지금 평안도 순안 고을 원의 자리가 비어 있어 마땅한 사람을 물색하고 있는 중인데, 박형이 그 자리를 맡아주었으면 좋겠소."

"예? 소인이 감히……."

"아닐세. 그 정도의 학식과 경륜이면 넉넉히 해낼 수 있다고 보네. 그러니 식솔들은 나중에 불러오고, 내일이라도 당장 부임을 하시게."

"황송하기 이를 데 없습니다. 열심히 하여 대감의 기대에 어긋나지 않도록 하겠습니다."

이리하여 최문길이 도중 하차한 순안 원의 자리에 엉뚱한 박덕호가 오르게 되었다.

영혼이 우리의 몸을 떠나서 방황한 적이 있었다. 거기는 공허하고 쓸쓸한 곳이었다.

그때 무서운 여자가 나타났다. 얼굴이 썩어 문드러진 못난 여자였다.

"당신은 누구요?"

영혼은 추하고 더러운 여자를 향해 소리쳤다.

"더럽고 언짢은 악마보다도 추악한 당신은 대체 누구요?"

그 허깨비는 대답하였다.

"나는 당신 행위의 그림자요."

페르시아에 전하는 이야기이다. 모름지기 사람은 그 행위에 의하여 평가를 받는다. 그리고 우연히 길을 가다가 만난 사람이 자기의 인생과 깊은 관련을 맺게 되는 경우가 적지 않다.

전철 안에서 작은 시비가 일어나 지나치는 사람이라고 예의없이 행동했던 어느 아가씨가, 자기와 시비한 사람이 나중에 알고 보니 사귀던 사람의 어머니였기 때문에 사랑이 깨진 경우가 있다. 주먹다짐을 하며 싸웠던 사람이 자기의 이익과 관련된 사람일 경우도 있다.

사람은 언제 어디서, 어느 상황에서 다시 만나게 되는지 아무도 모른다. 어려움에 처했을 때 성품이 겸손하고 예의 바른 사람은 크게 도움을 받을 수 있지만 오만방자한 사람은 더욱 낭패스런 일을 당하게 된다.

오스트리아의 시인 호프만슈탈의 다음 말만은 기억해 둘 가치가 있는 말이다.

"세상의 모든 사람과 만나고 지나침에 있어서 예의범절을 엄수하는 사람은 그 이자로 살아가지만, 그것을 무시하는 사람은 원금에 손을 댄다."

난처한 순간을 넘기는 기지

필자는 문화부 기자시절 무애(无涯) 양주동(梁柱東) 박사를 몇 번 만나뵌 일이 있다. 무애 선생님은 성품이 호방하고 박식한 분이셨는데, 화술이 유창하고 재기발랄한 유머가 풍부했다.

자칭 국보(國寶)라고 하던 양주동 박사에게는 많은 에피소드가 있다.

양박사는 초청강연을 많이 다녔는데, 유머러스하고 유창한 화술로 청중들을 단박에 휘어잡았다.

단상에 올라 자기소개를 하는 것부터가 특출했다.

"여러분! 내가 바로 내 이름을 모르면 간첩이라는 말을 유행시킨 양주동 박사입니다. 혹시 여기에 계신 여러분들 중에 간첩은 안 계신지 모르겠습니다. 있다면 손 한번 들어 보십시오."

　청중들은 엉겁결에 고개를 휘둘러보고 폭소를 터뜨리게 된다. 청중들을 웃게 만들어놓으면 잠자는 사람은 없게 된다는 것이 양박사의 지론이다.

　어느 해 5월 8일, 양박사는 어머니날 기념웅변대회의 심사위원장으로 단상에 올랐다.

　"여러분! 내가 그 유명한 양주동 박사올시다."

　넉살 좋게 자기 PR을 하자 장내에서 박수와 폭소가 터졌다. 양박사는 그만 조용히 하라는 제스처를 쓰면서 다음 말을 이었다.

　"사실 내가 스스로 유명하다고 말한 것은 다름이 아니라 '어머니의 은혜'라는 노래의 작사를 내가 했으니까, 오늘 어머니날만큼은 내가 좀 유명해져도 괜찮지 않습니까?"

　청중들에게 긍정적인 답변을 받아내는 양박사의 화법은 그야말로 일품이요, 국보급이다.

　다음은 양박사의 에피소드 중에서 백미라고 할 수 있는 것으로 유명하다.

대구의 모 대학에 초청강연을 갔을 때의 일이다. 열강을 끝내고 학생회 간부들과 차를 들며 담소를 나누게 되었다. 이때 한 학생이 따지듯 말했다.

"박사님! 오늘 말씀은 잘 들었습니다. 그렇지만 그 얘기는 작년에 오셔서 하신 말씀과 꼭같지 않습니까?"

하도 많은 강연을 다녔기 때문에 어디서 무슨 말을 했는지를 몰라 재탕한 것이다. 이미 했던 이야기를 또 했으니 무척 난처하다는 것은 굳이 설명할 필요도 없다.

양박사는 조금도 당황하지 않고 태연한 표정으로 이렇게 말했다.

"에이, 이 사람아! 소뼈다귀도 두 번은 우려먹는다는데, 국보 양주동의 명강의를 두 번쯤 들었기로서니 무어 그리 억울하겠는가. 허허허……. 안 그런가?"

이 말을 듣고 학생 간부들은 모두 폭소를 터뜨렸다.

바로 이것을 재치화술이라 하겠다.

난처한 순간을 단박에 유머로 받아넘기는 양주동 박사의 기지, 가히 국보급이라 아니할 수 없다.

이렇듯 인간관계에서는 난처한 경우에 처할 때도 있다. 또 웃음거리가 되기도 한다. 이럴 경우의 대응도 알아둘 필요가 있다.

타인의 농담을 가볍게 받아넘기는 것은 일종의 호기(豪氣)이다. 화를 내거나 서투르게 대응을 하면 성가신 일이 생기기도 한다.

가장 무난한 것은 재치있게 선뜻 받아넘기는 것이다.

제8장

고쳐야 할 화법과 표준 화법

말을 잘하는 첫번째 요소는 진실,
두번째는 양식, 세번째는 기분,
네번째는 기지.
— W. 템플 —

고쳐야 할 화법과 표준화법

오래 전부터 필자는 여직원들의 호칭을 '이름+씨'로 통일하고 있다. 물론 나이가 든 여직원에게는 '성(姓)+선생님'으로 호칭한다.

특별히 다른 뜻이 있었던 것은 아니지만, 여직원의 이름을 정확히 불러주는 것이 좋을 것 같아서 이름을 불렀다. 처음에는 오히려 어색하게 생각하는 여직원도 있었다. 그러나 나중에는 모두들 싫어하는 눈치가 아니었다.

출판사 편집실을 비유해서 말하자면 '언어의 병원'이라고 할 수 있다. 작가들의 원고를 받아 꼼꼼히 교정(校訂)을 보아 한 권의 책을 만들어내는 것이다.

아시겠지만, 교정(校正)과 교정(校訂)에는 차이가 있다. 편집자들 세계에서는 흔히 전자를 '단순교정', 후자를 '교열'이라고 한다. 말하자면 '단순교정'은 맞춤법과 띄어쓰기를

　말하며, '교열'은 문장의 오류를 바로잡는 것이다.
　'교열'의 예를 들면 다음과 같은 것이다.

　돼지들은, 한 마리가 어디 갔다고 온종일 야단을 하였습니다.

　뒷산에서 뻐꾹새 우는 소리에, 흥부는 빈 제비집을 쳐다보며, 제비가 돌아오기를 고대했습니다.

　두 문장 모두 얼핏보면 문제가 없어 보인다. 그러나 이들 문장에는 엄청난 오류가 있다.
　앞의 문장은 저 유명한 '돼지들의 계산'에 관한 것이다. 소풍을 간 돼지들은 자기는 빼고 수를 헤아리기 때문에 한 마리의 돼지가 없어졌다고 소동을 피운다는 우화이다.
　첫번째 문장에 나오는 '야단을 하였습니다'라는 말에 주목하기 바란다. '야단(을) 하다'라는 말은 '꾸짖다'라는 의미를 가진다. 따라서 문장대로라면 돼지들이 꾸짖고 있는 것이다. 그러나 정확한 내용은 돼지들은 돼지 한 마리가 없어졌다고 걱정하고 있는 것이다. 단어 하나를 잘못 씀으로

해서 '걱정하다'의 뜻이 '꾸짖고 있다'로 변해 버린 것이다. 바른 문장이 되려면 '야단을 하였습니다'가 '야단이었습니다'로 바뀌어야 한다. '야단이다'라는 말은 '걱정'의 의미를 갖는 것이다.

나중 문장은 과학적 오류에 속한 문장이다. 제비가 오는 시기는 4월 중순이고 뻐꾸기가 오는 시기는 5월 초순이다. 따라서 뻐꾸기가 왔는데 제비가 오지 않았다는 것은 명백한 거짓말이다.

이렇게 문장의 오류를 바로잡는 것이 교열에 해당된다. 편집부 직원들은 의사가 환자를 진찰하고 나쁜 병이 들었을 경우에 수술을 하는 것처럼 글을 진단하고 병든 글에 대해서는 과감히 수술을 해야 한다. 그러므로 국어에 대한 높은 이해와 지식이 필요하고, 문화 전반에 대한 상식과 관찰력·탐구력 등이 요구된다.

언어의 중요성을 말하려고 하다 보니 잠시 애기가 곁길로 빠졌다. 지루한 애기는 건너뛰어 본론으로 들어가서 이야기를 진행하기로 하겠다.

"내가 하겠습니다."

"제 아버님께서……."

언젠가 편집부 견습사원으로 일하던 여직원이 이런 말을 썼다. 다른 부서 직원이라면 그냥 넘어갈 수 있을지도 모르지만, 편집부 직원에 한해서는 꼭 짚고넘어가야 하는 것이 어법에 관한 문제이다.

'나'와 '저'를 혼동하는 사람들이 많다. '나'는 평교간이나 아랫사람에 대하여 자기 스스로를 가리키는 대명사이고,

· 구어(口語)로는 자기의 혈족에게는 '님'자를 붙이지 않는다.

'저'는 '나'의 겸양어이다. 따라서 윗사람에게는 "제가 하겠습니다."라고 해야 언어예절에도 맞고 듣기에도 좋다.

어느 사람이 자기 아들에게 자기를 '아버님'이라고 부르도록 하는 것을 보았다. '아버지'를 높여서 호칭 또는 지칭하는 말이기 때문에 최상의 공대말임에는 틀림없다.

그러나 구어(口語)로는 자기의 혈족(血族)에게는 '님'자를 붙이지 않는 것이 바른 어법이다. 단 편지에는 붙인다. 따라서 직접 호칭할 때는 '아버지'가 옳고 편지에는 '아버님'을 쓰는 것이 바람직한 것이다.

아주 사소한 말에서 그 사람의 교양과 품격이 달라지는 법이다. 좀더 우리말의 예절을 배우고 익혔으면 한다.

우리 마누라?

누구라도 그러하겠지만, 날마다 만나는 직장 동료나 자주 만나는 사람들 사이에서 오가는 얘기는 그렇고 그런 신변 잡담이다. 어떤 주제에 한참 열을 올리다가도 훌쩍 다른 이야기가 툭툭 튀어나온다. 술이라도 한잔 마시면 자질구레한 온갖 이야기들을 나누게 된다.

"우리 마누라는……."

영업부 윤부장은 술이 얼근하게 취하면 으레 자기의 가정 이야기를 꺼낸다. 하나 있는 아들이 자폐 증상이 있기에 그의 가정사는 늘 눈물빛깔을 띤다.

필자보다 두어 살 위이지만 우리는 흉허물없이 지낸다. 직장 동료이자 친구인 셈이다.

필자는 사회생활을 통해 만나는 사람들에 대해서는 《예기(禮記)》에 기록된 예법을 고수하고 있다. 즉, 나이가 나보다

· 우리 마누라, 함부로 쓸 말은 아니다.

갑절이 더할 때에는 아버지를 섬기는 예로, 나이가 나보다 10년이 더하면 형을 섬기는 예로, 5년이 더하면 어깨를 나란히 해서 그에 따른다는 것이 그것이다.

언어예술에 종사하는 필자이니만큼 상대의 말을 허투루 듣지 않는다. 명백한 오류가 있거나 난맥을 이루는 말을 들으면 시정을 해주고 싶어서 입이 근질거린다.

"우리 마누라는……."

윤부장은 몇 번이나 '우리 마누라'라고 자기의 아내를 지칭했다. 그의 입버릇이다.

필자는 그의 아내 지칭법이 처음부터 듣기에 어색했다. 어법이나 사리에 맞지 않을 뿐만 아니라 말에서 풍기는 뉘앙스가 좋지 않다고 생각했기 때문이다.

'우리'라는 인대명사는 복수를 뜻한다. 자기 또는 자기의 동아리를 스스로 일컫는 말인 것이다. 따라서 우리 집, 우리 학교, 우리 엄마, 우리 나라 등에 대해서 적합한 말이지 '아내'를 지칭한 말로는 부적합하다고 생각한다.

"부인에게 윤부장 말고 다른 남편도 있어요?"

필자의 농치는 말에 윤부장은 '그게 무슨 말이냐?' 하는 표정으로 눈을 크게 떴다. 아내에게 다른 남편, 즉 샛서방이 있느냐고 물었으니 그럴 수밖에.

"아니오? 나는 윤부장이 우리 마누라라고 하길래 누구하고 아내를 공유하고 있는 줄 알았소. '우리'라는 인칭대명사는 공동이란 뜻을 내포하고 있으니 말이오."

윤부장은 머리가 둔한 사람이 아니다. 이내 필자의 말을 알아차리고 말을 정정했다.

"내 마누라가……. 근데 어째 말이 이상하네. '우리 마누라'라고 하면 자연스러운데 '내 마누라' 하니까……."

"그렇다면 마누라라는 말도 바꾸시오. 마누라라는 말은 나이 지긋한 아내를 허물없이 부르거나 중년이 지난 여자를 속되게 이르는 말이니까 말이오. 엄밀히 말해서 마누라 하면 늙은 여자와 함께 살고 있다는 얘기가 아니겠소?"

한참을 얘기하다가 윤부장은 또 '우리 마누라가……' 한다. 필자가 다시 지적을 하니까 평소의 말투가 입에 배서 어쩔 수 없다고 웃는다.

우리 마누라, 함부로 쓸 말은 아니다.

나 김×× 교수입니다

전화벨이 울렸다. 받으니 전화기 저쪽의 말소리가 들렸다. 굵은 남자의 목소리였다.

"나 김×× 교수입니다."

"아, 김교수님이시군요.

전화벨이 울렸다. 받으니 저쪽의 말소리가 들렸다.

"김국장님 좀 바꿔주십시오."

"누구시라고 전해 드릴까요?"

"아비되는 사람입니다."

전화벨이 울렸다. 받으니 저쪽의 말소리가 들렸다.

"안녕하세요? 저 미스 박입니다."

"……."

· 교수 · 박사 · 의원 · 사장 등은
남에게 불리는 호칭이다.

필자는 이런 전화를 받을 때마다 뒷맛이 씁쓸하다. (예절
을) 알 만한 사람들이 바람직하지 못한 언어예절을 쓰기 때
문이다.

교수 · 박사 · 의원 · 사장 등은 남에게 불리는 호칭이다.
따라서 '김교수입니다'라거나 '이박사입니다'라는 호칭 등
은 자기가 자신을 높여 부르고 있는 것이다. 이런 것을 생각
하면 낯간지러운 일이 아니겠는가.

미스(Miss)라는 호칭도 타인이 나에게 불러주는 경칭
이다. '미스 박입니다.' 하면 시집도 안 간 젊은 여자가 스
스로를 높이고 있다는 말이 된다.

또 자식이 아무리 성공을 했다고 해도 그 아버지가 자식
을 높여 부르는 것은 크게 잘못된 일이 아닐 수 없다. 이러
한 말을 쓰는 것은 어법이나 사리에 안 맞을 뿐만 아니라 스
스로 품위를 떨어뜨려 웃음거리가 될 수도 있다.

남편을 아빠라고 부르는 아내들

"형! 이것 좀 들어줘."

"알았어. 그런데 ××야……."

사촌동생의 집들이에 갔을 때 동생 내외는 이렇게 주고받았다. 왜 그렇게 부르느냐고 필자가 묻자, 학교 때부터 그렇게 불렀기 때문에 그것이 자연스럽다고 대답했다.

일반적으로 '형'이란 말은 남자가 남자에게 쓰는 호칭어이다. 따라서 여자가 남자를 호칭할 때 이 말을 쓴다는 것은 성별을 무시한 '제멋대로의 말'이라고 아니할 수 없다.

필자는 동생 내외에게 적어도 남 앞에서는 그런 말을 쓰지 말기를 당부했다. 성별을 무시하는 말은 아무리 좋게 해석한다 해도 좋은 말이 아니며, 아내를 아무개야 하고 부르는 것도 바람직하지 않다.

간혹 다방과 같은 장소에서 남자 손님들이 레지나 호스테

· 남편을 아빠라고 지칭하는 것은 인류을 문란케하는
  망측한 일이며, 이만저만한 존속 모독이 아니다.

스를 부를 때 '언니'라고 호칭하기도 한다. 그런 소리를 들
을 때 필자는 마치 목구멍에 지렁이가 꾸물꾸물 기어들어가
는 느낌을 받는다.

　'아가씨'라는 좋은 말을 놔두고 왜 하필이면 '언니'라는
말을 써야 하는지 도무지 이해할 수가 없다.

　부인들 중에는 남편을 지칭하여 '아빠'라고 하는 사람들
이 많다. 또 '오빠'라고 부르기도 한다.

　그런 말을 들을 때 간혹 혼란에 빠질 때가 많다. 과연 어
느 '아빠'를 지칭하는 것인지 종잡을 수가 없다.

　남편을 지칭하여 '아빠'나 '오빠'라고 한다면, 생각하기
에 따라서 불경스럽기 짝이 없는 말이다. '아버지와 딸'이,
'오빠와 동생'이 부부로 함께 산다는 뜻으로도 해석될 수 있
기 때문이다. 만약 이렇게 해석한다면 인류을 문란케 하는
망측한 일이며, 이만저만한 존속 모독이 아니다.

필자는 부부간에 직접 부를 때 쓰는 '호칭어'와 남 앞에서 가리킬 때 쓰는 '지칭어'가 구분되어야 한다고 본다. 따라서 지칭어의 경우는 상대방이 누구냐에 따라 무수히 다양해지는 것이다.

둘만이 있을 때의 호칭은 아무래도 좋다. 분위기에 따라 '××씨'라고 해도 좋고, 당사자가 좋아한다면 '형'이니 '아무개야' 해도 무방하다.

그러나 타인 앞에서는 언어예절을 지켜야 한다. 특히 아내가 남편을 '아빠'니 '오빠'로 지칭하는 것은 절대 피해야 하는 호칭이라 아니할 수 없다.

■ **알아 두면 마음의 보석이 되는 이야기 ⑭**

이상한 사과

어떤 사나이가 길을 걷다가 땅위에 사과 모양을 한 물체가 있었기에 밟아버렸다.

그러자 그것은 갑자기 두 배로 커졌다. 사나이는 힘을 주어 다시 밟았다. 그러자 그것은 더 커졌다. 이번에는 지팡이로 때렸다. 그랬더니 그것은 크게 부풀어 결국 길을 막아버리고 말았다.

이때 신령님이 나타나 사나이에게 말했다.

"건드리지 않는 것이 좋아! 그것은 말싸움이라는 이름의 사과야. 상대하지 않으면 처음대로 있으나 맞서기만 하면 자꾸만 커지는 이상한 사과란 말야."

말은 할수록 번지고 옮겨질수록 커진다. 두 사람만의 비밀 이야기라고 무심코 한 말이 천리 밖에 있는 상대에게 전해지는 경우가 있다. 감추어진 일은 반드시 드러나게 되어 있다. 비밀 이야기라도 남의 악평을 해서는 안된다. 좋은 말도 반드시 천리를 달린다. 간접적으로 단둘이서 칭찬한 것을 본인은 곧 알게 된다.

그대가 바람에게 비밀을 말했다면 그 바람이 그대의 비밀을 나무에게 전한다고 해서 바람을 탓해서는 안된다.